(김세무사의 회계학코칭 식당세무편 전면 개정판)
김세무사의 개인사업자 세무와 절세

세무법인 택스케어

세무법인 택스케어는 김성일 세무사가 1986년 김성일세무회계사무소 개업 이후 37년 넘게 국내외 고객사들에게 회계와 세무 서비스를 제공하고 있습니다. 2000년 세무법인 택스홈앤아웃으로 법인전환을 하였고, 2014년부터는 김수철 세무사가 세무법인 택스케어로 분리, 독립하여 현재에 이르고 있습니다. 세무사 10명과 직원 20여 명으로 구성되어 있으며, 6개 지점은 각 분야별로 특화하여 전문성을 강화하고 있습니다.

택스케어는 연매출 1조 이상의 글로벌 기업을 포함, 스타트업, 병의원, 외식업, 프랜차이즈, 중소 자영업, 부동산시행업, 부동산임대업 등 다양한 규모의 3천여개 고객사에 세무 서비스를 제공하고 있습니다. 제휴된 로컬 회계법인과 회계 이슈를 함께 논의할 뿐만 아니라 국세청의 입장까지 고려하여 세무 신고와 자문을 진행하고 있습니다.

대표저자
김수철 대표 세무사

서울대학교 경영학과를 졸업하고 동 대학원에서 회계학을 전공하였습니다. 이후 미국 펜실베이니아 주립대학교에서 응용통계학 석사 학위를 받았습니다. 택스케어에 합류하기 전 경영 컨설턴트로서 일하였습니다. 경희대학교 의료경영대학원에서 겸임교수로 강의를 하였고 저술 활동과 기업체 강의 역시 꾸준히 하고 있습니다. 중소기업과 자영업을 위한 세무신고 및 상속세 및 증여세를 미리 계획하여 절세방안을 마련하는데 관심이 많습니다. 한국세무사회에 중소기업위원으로 활동하며 2017년에 중소기업청장 표창을 받았습니다.『김세무사의 회계학코칭-병원세무편 2018년 개정판』(머그, 2018),『김세무사의 회계학코칭-식당세무편 2019년 개정판』(머그, 2019),『중소기업창업컨설팅』(한국세무사회, 2017) 등 3편의 저서가 있습니다.

서문
2024년 김세무사의 개인사업자 세무와 절세가 나오기까지 _ 8

2018년 김세무사의 회계학코칭 식당 세무편 초판 서문
오너 셰프 Owner Chef에겐 세금과외가 필요하다 _ 10

감수를 마치며
식당 경영에 무기가 되어 줄 책 _ 12
㈜비즈케어앤컴퍼니 신태용 대표이사

추천사
세금 역시 식당 경영의 일부로서 관리할 수 있는 계기가 되기를 _ 14
현)한국외식업중앙회 회장 전강식
전)한국외식업중앙회 서초구 지회장 및 중앙교육원장 전강식

세금도 미리 관리해야 하는 분야가 되었다 _ 15
세무법인 택스케어 회장 김성일 세무사

프롤로그
세무 달력을 미리 만들어보자 _ 16

Part 1
부가가치세, 개인사업자 세무의 시작

부가가치세의 이해 _ 24

[사업자등록증]
사업자등록증을 받아야 하는데 어떤 서류가 필요한가요? _ 26

[간이과세 사업자]
사업자 낼 때 일반과세자보다 간이과세자가 유리한가요? _ 28

[매출구성]
우리가게 매출은 어떻게 집계를 하나요? _ 32

[적격증빙]
신용카드 결제하는 것보다
세금계산서를 받는 것이 부가세 신고할 때 더 유리한가요? _ 36

[의제매입세액 공제]
계산서를 많이 챙겼는데
부가세가 많이 나오는 이유는 무엇인가요? _ 38

[신용카드 발행 세액 공제]
상하반기 매출이 비슷한데
하반기 부가세가 왜 더 많이 나오나요? _ 40

[부가세 기타 이슈]
1. 개인 사업을 법인으로 전환하면
   부가세가 늘어난다는데 정말인가요? _ 43
2. 사업 초기 투자비용이 많이 들어갔는데
   부가세를 일찍 환급받을 수는 없나요? _ 44
3. 자동차를 샀는데 매입세액공제가 가능한가요? _ 45

Part 2
인건비, 개인사업자 세무의 핵심

인건비의 이해 _ 48

[인건비 신고 준비]
직원 인건비를 비용처리 하려면 어떻게 해야 하나요? _ 50
[인건비 신고 방법]
사업 초창기에 잠깐 일한 직원들에게
지급한 비용은 전부 월급인가요? _ 52
[인건비와 부가세 관계]
인건비가 많이 나가는데 부가세가 왜 많이 나오나요? _ 54
[4대 보험 신고]
4대 보험 신고는 꼭 해야 하나요? _ 56
[인건비 신고 여부 사례]
인건비 신고가 절세에 유리한 이유는 무엇인가요? _ 58
[퇴직금 신고]
퇴직금이 월급에 포함되어 있으면
퇴직금을 지급하지 않아도 되나요? _ 62
[추가 수당 신고]
직원이 갑자기 연장근로수당과 주휴수당을 달라고 하는데
어떻게 처리하나요? _ 64
[인건비 기타 이슈]
1. 직원들이 통장에 얼마를 찍어 달라고 하는데
   인건비 신고를 어떻게 할까요? _ 66
2. 직원들이 자주 바뀌는데 근로계약서를 꼭 써야 하나요? _ 67
3. 외국인을 고용하려면 어떻게 해야 하나요? _ 68
4. 두루누리 사회보험, 고용 촉진 지원금 등 인건비 지원 제도 Q&A _ 69
5. 무단결근, 산재 처리, 권고사직 등 기타 노무 Q&A _ 71

Part 3
종합소득세, 개인사업자 세무의 종착역

종합소득세의 이해 _ 76

[종합소득 합산]
소득세는 올해 벌어들인 수입에 대해 내는 건가요? _ 78

[공동명의]
공동명의로 식당을 하면 소득세 신고할 때 유리한가요? _ 80

[장부 작성 의무와 이월결손금]
장부를 만들어 신고하면 어떤 점이 유리한가요? _ 82

[준비할 서류와 사업용 계좌]
소득세 신고를 위해 추가로 필요한 서류가 있나요? _ 86

[소득공제, 감면]
노란우산공제를 가입하면 어떤 장점이 있나요? _ 88

[성실신고 사업자]
식당 연 매출이 10억 원이 넘으면 소득세가 더 나온다는데
정말인가요? _ 90

[세무조사 대비]
세무조사가 나왔는데 어떻게 대응하면 될까요? _ 92

참고문헌 _ 95

서문
2024년 김세무사의 개인사업자 세무와 절세가 나오기까지

김세무사의 회계학코칭 식당 세무편이 2018년 초판에 이어 2019년 개정판이 출간된 이후 부족한 내용임에도 불구하고 2019년 이후 꾸준히 배민 아카데미 오프라인 강의와 코로나 시기 동안 온라인 라이브 강의가 이어지면서 이 책 역시 큰 사랑을 받았다. 아마도 식당 세무라는 한 가지 주제로 된 세무 책과 강의가 지속된 경우가 드물기 때문인 것 같다.

2024년 김세무사의 회계학코칭 식당 세무편이 개인사업자 대상으로 전면 개정판이 나오기까지는 신한은행의 소상공인 경영 교육프로그램인 <성공 두드림 아카데미>의 역할이 컸다. 2018년부터 6년 넘게 뚝심으로 신한은행에서 직접 기획하여 진행하는 프로그램이다. 처음에는 식당의 대표가 중심이었는데 코로나 이후로 온라인 라이브로 교육을 확대 전환하면서 외식업뿐만 아니라 미용실, 헬스장, 필라테스, 학원 등 다양한 소상공인 개인사업자 고객 전체로 교육 범위가 확대되었다. 이에 따라 강의 내용에 식당 외에도 개인사업자가 참고할 만한 내용들이 추가되었고, 이를 바탕으로 마침내 식당 세무를 개인사업자 대상으로 전면 개정할 수 있었다.

택스케어 직원 모두는 소상공인들의 세무 관리에 노력을 다하고 있는데 큰 법인이나 대규모 사업장에는 담당 직원들이 있어서 정해진 일정대로 장부 작성과 세무신고를 진행하기 때문에 내용 차체는 복잡할 수는 있어도 업무 과정 자체는 오히려 단순한 편이다. 그러나 1인 사업장 혹은 사무직 직원이 없는 개인사업체는 대표가 직접 챙기는 데 한계가 있기 때문에 택스케어 직원들 또한 챙겨야 할 것이 많다.

이 전면 개정판이 사장님과 직원들 모두에게 공통된 기준을 만들어 줄 수 있을 것으로 기대하며, 이번 책을 통해서 절세와 사업 성공 두 마리 토끼를 모두 잡을 수 있기를 소망한다. 지난번 2019년 개정판에 이어 이번 인건비 파트도 노무법인 태종의 최민호 대표 노무사의 도움이 컸다. 이번 전면 개정판의 오탈자 및 내용 확인을 위해 끝까지 힘써준 택스케어 임성빈 실장과 조수영 과장에게 다시 한번 서문을 통해 감사 인사를 전한다.

2024년 1월 25일 세무법인 택스케어 사무실에서

2018년 김세무사의 회계학코칭 식당 세무편 초판 서문
오너 셰프Owner Chef에겐 세금과외가 필요하다

식당의 사장은 오너 셰프인 경우가 많다. 다시 말해 사장이 주방을 책임지는 것은 물론이고 아침 장보기부터 식재료 다듬기, 계산 업무, 홀 서빙, 마감까지 하는 일이 너무나 많다. 특히 아르바이트 직원이 갑자기 안 나오는 날에는 1인 10역 이상의 일을 하다 보면 자신이 한 기업을 책임지고 운영하는 사장임을 잊게 된다.

아마 오너 셰프가 한 기업의 사장임을 깨닫게 되는 순간은 세금을 내는 날일 것이다. 특히 부가가치세는 소득이 높든지 낮든지, 직원 수가 많건 적건 상관없이 단 한 명의 손님이라도 신용카드를 사용하였거나 현금영수증을 요청했다면 피할 수 없다.

다행히 세무 대리인이 있어서 미리 계산된 세금이라도 알 수 있으면 다행이다. 보통 납부 전날이나 당일에야 얼마인지 알고 내게 된다. 2013년까지만 해도 부가세를 많이 내지는 않았지만 2014년 부가세 신고 때부터 식재료에 대한 의제매입세액 공제 한도가 생기면서 세금 부담이 늘었다.

세무법인 택스케어 외식업팀은 의제매입세액 공제 한도가 생기던 2014년에 결성되었다. 의제매입세액 공제 한도를 잘 알지 못하는 사장들은 세무사가 바뀌니 세금이 올랐다고 생각하는 것은 당연하고, 따라서 세무사 탓을 할 수밖에 없었다. 택스케어 외식업팀은 이런 실정을 받아들이고 정확한 세무에 대한 이해가 더 필요하다고 생각하여 식당 사장들에게 적극적으로 다가가는 일종의 세금 개인 과외를 시작하였다.

따라서 이 책은 택스케어 외식업팀이 지난 4년 동안 천 명 넘는 외식업 사장들과 만나고, 통화했던 현장 그 자체라고 할 수 있다. 서점에 나가보면 하루가 다르게 세법 책들이 출간되고 있으나, 식당에서 직접 듣고 전달했던 내용에 관한 책은 아마도 없을 것 같다. 실무로 바쁜 와중에도 책 쓰느라 고생한 택스케어 외식업팀 파이팅을 외친다.

2018년 3월 택스케어 사무실에서

감수를 마치며
식당 경영에 무기가 되어 줄 책
㈜비즈케어앤컴퍼니 신태용 대표이사

우리나라 국세 수입은 부가세 67조 원, 소득세 75조 원, 법인세 59조 원에 이른다(17년 말 잠정 수치). 일반적으로 외식업은 최종 소비 단계라는 점에서 부가가치세 징수에 상당 부분을 식당이 기여하고 있다. 또한, 소득세 등에도 기여하는 부분을 고려해 보면, 식당 경영을 통해 국가 경제에 이바지한다는 측면에서 식당을 운영하시는 많은 사장님께 존경과 감사의 마음이 생긴다.

회사를 운영하면서 그리고 외식업 경영 컨설턴트로 활동하면서 사업하는데, 세금이 얼마나 중요한지를 매일 절감한다. 사업에서 공기와 같은 것이 현금인데, 초창기 창업비용 외에 가장 크게 나가는 현금이 바로 세금이기 때문이다. 하지만 그 중요성에 비교해서 많은 사람이 어렵다는 핑계로 모르는 척하다가 예측하지 못한 세금 때문에 현금 운영에 어려움을 겪는다.

식당 운영을 위해서는 많은 고민을 해야 한다. 외식 사업자들이 제도적 규제 중 가장 큰 어려움은 높은 카드 수수료율과 의제매입세액 공제 한도로 인한 부가세 부담 등 세금 문제이다. 경쟁이 치열해진 만큼 수수료, 세금 문제에 대해 대비를 하지 않으면 살아남을 수 없다는 것이 외식업 운영에서 중요한 사실이며, 이를 위해서는 좋은 전문가들의 도움이 필요하다.

이번에 이러한 전문가들이 모여 식당 운영 전반에 걸쳐 항상 염두에 두어야 하는 세금에 대하여 알기 쉽게 설명하는 책을 출판하게 되었다는 반가운 소식을 들었다. 많은 사례와 풍부한 경험을 가진 전문가들인 만큼 식당 경영에 꼭 필요한 세금 관련 내용이 충실하게 담겨 있다. 잘 보이는 곳에 두었다가 세금 관련 궁금한 사항이 있을 때 그 부분만 찾아서 읽어보는 것만으로도 식당 경영에 도움을 받을 수 있을 것으로 기대된다.

맛있는 음식을 통해 우리에게 행복을 주는 식당 사장님들이 이 책을 통해 조금이나마 도움을 받았으면 하는 마음으로 감수의 글을 마친다. 대한민국 식당 사장님들 모두, 대박 나시길!!

2018년 3월 비즈케어 사무실에서

추천사

세금 역시 식당 경영의 일부로서 관리할 수 있는 계기가 되기를

현) 한국외식업중앙회 회장 전강식
전) 한국외식업중앙회 서초구 지회장 및 중앙교육원장 전강식

서초구에서 '동해 일식'을 열어 외식업에 종사한 지 30년이 넘어간다. 또한 외식업 경영자들의 단체인 한국외식업중앙회 서초구지회 회장과 중앙회 회장으로 봉직하고 있다.

지난 30년 동안 우리 외식업계에 영향을 미쳤던 여러 사건이 있었으나 최근만큼 급격한 환경 변화는 없었던 것 같다. 최근 외식업은 경기 불황과 김영란법 시행 이후 소비 부진을 겪고 있어 방문 외식업은 매출 신장에 어려움을 겪고 있다. 반면, 인스타그램과 같은 소셜네트워크 미디어를 통해 알려진 개성 있는 식당들은 성장을 거듭하고 있다. 특히 포장과 배달 외식업은 배달 애플리케이션 성장에 맞춰 꾸준한 성장세에 있다. 이런 급격한 환경 변화 속에서 안정적으로 식당을 운영하려면, 노무와 세무에 대한 지식은 필수이다. 세금은 매우 중요하고 비중이 큰 현금 지출이기 때문에 신고 일자에 잘 맞춰 미리미리 부가가치세, 원천세, 종합소득세 등을 준비해야 자금 계획을 맞출 수 있다.

부디 개정판으로 다시 출간되는 <김세무사의 회계학코칭 식당 세무편>을 통해 외식업 사장은 물론 외식업을 준비하는 예비 창업자 및 관련 사업 종사자들이 세무와 노무에 대한 지식을 얻는 데 도움이 되기를 바라며 이 책을 추천한다.

세금도 미리 관리해야 하는 분야가 되었다

세무법인 택스케어 회장 김성일 세무사

외식업 전문 세무법인을 위해 도전한 지 2년 만에 책을 내고, 이번에 다시 개정판을 낸 외식업팀에 박수를 보낸다. 30년 넘게 세무사를 해 오면서 세무 관련 책이 가장 필요한 분들이 식당 사장님이라고 생각해 왔다. 그러나 기존의 책들은 접근하기에 조금 어려운 면들이 있었다. 그러나 이 책은 세무법인 택스케어 외식업팀이 현장을 다니면 식당 현장에서 느낀 점을 살려서 글을 썼기 때문에 어렵고 복잡해 보이는 세금 문제를 식당 사장님 앞에 앉아서 이야기하듯이 좀 더 쉽게 풀어 가고 있다. 최근 외식업계는 그 어느 때보다 힘든 상황에 있다. 경제가 장기 불황에 빠지면서 은퇴자들이 너도나도 식당을 개업하고 있다. 대부분 자영업은 처음이기 때문에 부가가치세나 종합소득세에 대한 사전 지식이 부족한 것이 사실이다. 내야 할 세금에 대한 사전 지식 없이 식당을 운영하다 보면 자칫 유동성 위기에 빠질 수 있다.

식당에 대한 세무 환경은 투명해지고 더욱 엄격하게 변해 왔다. 매출액이 100% 노출이 되는 신용카드 사용액 비율이 매년 증가하고 있다. 또한, 현금영수증 발행 의무화로 현금 수익에 대한 투명성 역시 증가하였다. 따라서 세금도 단순히 사후적으로 신고 기간에 챙기는 것이 아니라 평상시에 관심을 두고 미리 관리를 해야 하는 분야가 되었다. 외식업 전문 세무법인 택스케어의 역할이 더욱 중요해질 것이다. 많은 외식업계 사장님들과 관리자들이 이 책을 통해 세무 및 그 기초가 되는 회계학 지식을 습득하여 세무 리스크 세무조사나 가산세로부터 자유롭게 될 수 있기를 기대해 본다.

프롤로그
세무 달력을 미리 만들어보자

코로나 거리두기 해제 이후 증가했던 식당, 미용실, 헬스장, 요가 스튜디오, 학원 등 개인사업자 매출이 국내외 불경기로 인해 다시 감소세로 돌아가고 있다. 더불어 개업할 때 반드시 들어가는 인테리어와 기기 설비 비용, 건물 임대료, 마케팅 비용 등과 개업 이후에 발생하는 인건비 같은 고정비 증가로 개인사업자 개업 건수가 체감적으로 줄고 있다고 한다.

2024년도 최저임금은 시간당 9,860원으로 전년 대비 2.5% 인상되었다. 계속된 인상으로 불과 5년 전에 최소 1백75만 원 정도로 고용할 수 있었던 인력을 이제 2백6만 원에 고용해야 한다는 의미이다. 결국 시간급이 올라감에 따라 각종 시간외수당, 4대 보험, 퇴직금까지 동시에 오르기 때문에 부담은 더욱 커지게 된다.

<표1> 연도별 최저임금

구분	시급	월급
2024	9,860 (2023 대비 2.5% 인상)	2,060,740
2023	9,620 (2022 대비 5.0% 인상)	2,010,580
2022	9,160	1,914,440
2021	8,720	1,822,480
2020	8,590	1,795,310
2019	8,350	1,745,150
2018	7,530	1,573,770

이러한 상황이다 보니 그동안 본인이 벌어 놓았거나 퇴직금으로 받은 자금으로만 개업을 준비할 수는 없게 되었다. 최근 몇 년 동안 자영업자 대출이 증가하였으나 대출 한도도 엄격해지고, 자영업이라면 무조건 대출을 안 해주는 경우도 있어서 고정비와 초기 투자 비용은 늘어났는데 투자 여력은 줄어들었다.

치열한 경쟁으로 매출 증대와 은행 대출이 제한적일 때일수록 현금 관리가 더욱 중요하다. 현금 중에 가장 큰 비중을 차지하는 항목 중 하나가 세금일 것이다. 매달 원천세 납부와 4대 보험료 납부 그리고 중간 고지까지 합쳐 1년에 부가세 4번, 중간예납에 분납까지 합쳐서 1년에 소득세 4번을 내면 사실 어떤 세금을 언제 얼마나 냈는지도 모른 채 세금만 내다가 1년이 훅 지나갈 때가 있다.

매출은 감소하고 비용은 증가하는 이러한 상황에서 세금 지식은 그 어느 때보다 중요하다. 세법에서 인정되는 증빙을 미리 챙겨 억울하게 세금을 더 내지 않는 것이 필요한데 이를 위해 사업자등록번호로 세금계산서, 계산서, 현금영수증, 신용카드 매입 전표(기업용 신용카드) 등 적격증빙을 꼼꼼하게 챙겨 부가세를 줄일 수 있을 것이다. 이와 더불어 인건비 신고를 정확히 하고 경조사비를 증명할 수 있는 서류나 간이 영수증 등을 잘 챙긴다면 종합소득세까지 절세할 수 있을 것이다.

절세의 첫걸음은 언제 어떤 세금을 얼마나 낼지 예측해 보는 것이다. 연 초에 일 년 계획을 세우듯이 아래와 같이 본인의 '우리 가게 세금 달력'을 만드는 것도 좋은 방법이다. 소득세 신고가 5월 말이기 때문에 편의상 5월부터 시작되는 달력을 예시로 만들어 보았다.

〈표2〉 우리 가게 세금 달력

월	과세사업자	면세사업자	소득세
5			신고납부
6			
7	상반기 신고납부		분납 (1천만원 초과분, 2천만원 초과시 50%)
8			7월 부터 11월 사이 건강보험료 정산
9			
10	예정고지 (50만원 이상)		
11			중간 예납 (50만원 이상)
12			
1	하반기 신고납부		중간 예납 분납 (1천만원 초과분, 2천만원 초과시 50%)
2		면세현황신고	
3			
4	예정고지 (50만원 이상)		

우리 가게 세금 달력을 간단히 설명하면, 부가세 과세사업자는 1년에 두 번 부가세 신고했던 매출과 매입을 합치고, 추가 비용으로 인건비 신고한 것과 영수증, 이자 납부, 기부금 등을 비용으로 추가해서 신고하는 것이 종합소득세이다. 면세사업자라면 2월에 신고했던 면세사업장 현황신고에 있는 매출과 매입에 다른 비용을 추가하여 이익이 나면 여기에 세율을 곱해서 종합소득세를 낸다. 여기에 한 가지 더 추가되는 것이 있는데 건강보험료 정산이다. 이익이 증가한 만큼 개인사업자의 건강보험료가 증가하여 소득세 신고 후 하반기에 고지된다.

그런데 문제는 부가세와 소득세 모두 1년에 최대 4회 납부할 수 있다는 것이다. 부가세 예정 고지와 소득세 중간예납을 납부할 때마다 내야 할 세금이 50만 원이 넘어야 고지서가 나온다.
부가세 4회 납부부터 살펴보면, 상반기 매출과 매입에 대해서 7월 25일에 내야 할 부가세가 1백만 원인 경우, 10월 25일에 절반인 50만 원이 고지된다. 그리고 하반기 매출과 매입에 대해서 1월 25일에 내야 할 부가세가 1백만 원일 때 미리 10월 25일에 냈던 50만 원을 빼준다. 그리고 4월 25일에 다시 50만 원에 대한 고지서가 나온다. 어느 정도 매출이 안정되면 1년에 내야 할 부가세를 1/4씩 1월, 4월, 7월, 10월에 나눠서 내게 된다.

다음으로 소득세 4회 납부를 살펴보면, 5월에 내야 할 종합소득세가 4천만 원이라면, 5월과 7월에 절반씩 납부를 하게 된다. 즉 5월에 2천만 원, 7월에 2천만 원을 나눠서 낸다. 그리고 소득세 중간예납이 11월에 고지되는데 5월

소득세의 절반인 2천만 원을 내야 한다. 5월과 마찬가지로 11월과 1월에 절반인 1천만 원씩 나눠서 낼 수 있다. 즉 4천만 원 정도 소득세가 나오는 개인사업자는 1년에 4번, 5월, 7월, 11월, 1월 이렇게 1/4씩 나눠서 납부하게 된다.

매출이 일정 금액 이상인 성실신고 사업자(식당 연 매출 7억 5천만 원)면, 소득세를 6월 말까지 신고납부하기 때문에 아래 세금 달력처럼 소득세 납부 일정만 달라진다.

<표3> 우리 가게 성실 신고 세금 달력

월	과세사업자	면세사업자	소득세
5			신고납부
6			
7	상반기 신고납부		분납 (1천만원 초과분, 2천만원 초과시 50%)
8			7월 부터 11월 사이 건강보험료 정산
9			
10	예정고지 (50만원 이상)		
11			중간 예납 (50만원 이상)
12			
1	하반기 신고납부		중간 예납 분납 (1천만원 초과분, 2천만원 초과시 50%)
2		면세현황신고	
3			
4	예정고지 (50만원 이상)		

부가가치세, 개인사업자 세무의 시작

Part 1

부가가치세의 이해 _24

[사업자등록증] _26
사업자등록증을 받아야 하는데 어떤 서류가 필요한가요?

[간이과세사업자] _28
사업자 낼 때 일반과세자보다 간이과세자가 유리한가요?

[매출구성] _32
우리가게 매출은 어떻게 집계를 하나요?

[적격증빙] _36
신용카드 결제하는 것보다
세금계산서를 받는 것이 부가세 신고할 때 더 유리한가요?

[의제매입세액공제] _38
계산서를 많이 챙겼는데
부가세가 많이 나오는 이유는 무엇인가요?

[신용카드매입공제] _40
상하반기 매출이 비슷한데
하반기 부가세가 왜 더 많이 나오나요?

[부가세 기타 이슈] _42
1. 개인 사업을 법인으로 전환하면 _43
   부가세가 늘어난다는데 정말인가요?
2. 사업 초기 투자비용이 많이 들어갔는데 _44
   부가세를 일찍 환급받을 수는 없나요?
3. 자동차를 샀는데 매입세액공제가 가능한가요? _45

부가가치세의 이해

There are only two things in life that you can't avoid: death and taxes.
살면서 절대 피할 수 없는 두 가지는 죽음과 세금이다.

미국 100달러 지폐에 있는 미국에서 가장 존경받는 정치가 중 한 명인 벤자민 프랭클린(Benjamin Franklin)이 한 말로, 세금은 경제적인 활동을 하는 인간이라면 반드시 마주하게 되는 이슈이며, 삶의 마무리는 죽음의 순간이므로 결코 지나칠 수 없는 과정이다. 따라서 피할 수 없기에 반드시 준비가 필요하다. 특히 부가세는 태어나서 죽을 때까지 붙어 다니는 세금 중의 하나로 갓난아이의 첫 배내 옷부터 사망 후 장지로 이동하는 데 필요한 리무진 렌트에도 부가세가 포함되어 있다. 물론 산후조리원과 장례식장은 부가세가 면제되는 면세사업자이지만, 대부분 상품과 서비스 가격에는 부가세가 포함되어 있다.

2013년 식품위생법이 개정되면서 메뉴판에 별도로 부가세를 표시하는 것을 금지했기 때문에 인식하지 못하지만, 우리나라 대부분 식당의 음식 가격에도 부가세 10%가 이미 포함되어 있다. 따라서 식당의 가격표에는 표시되어 있지 않지만, 음식 가격에 이미 포함되어 있는 부가세 10%를 반드시 납부하여야 한다. 이는 식당 사장이 부가세를 손님에게 받아서 대신 납부하는 개념이기 때문이다. 따라서 식당 사장은 부가세가 포함된 매출을 전체 매출액으로 착각하면 안 된다.

⟨표4⟩ 부가세 계산 방법

항목	구분	내용
매출세액	(+)	상품이나 서비스 가격(매출액)의 10/110
매입세액공제	(-)	적격증빙으로 받은 매입액의 10/110
의제매입세액공제	(-)	농수산물 매입액의 9/109 (또는 8/108, 6/106)
신용카드발행세액공제	(-)	신용카드로 결재 받은 매출액의 1.3%(또는 2.6%)
예정고지세액	(-)	4월25일과 10월25일 국세청에서 고지되어 납부한 세액
납부할 세액	(=)	매출세액에서 나머지를 뺀 금액

⟨부가세 절세 꿀 팁⟩

1. 반드시 법적 증빙, 즉 세금계산서, 계산서, 신용카드 전표, 현금영수증
   (사업자 지출 증빙)을 챙기자.
   : 입금표나 거래명세표로는 부가세를 환급받을 수 없다.
2. 신용카드를 사업용 카드로 국세청 홈택스에 등록해 놓자.
   : 카드 전표를 분실하더라도 누락되지 않아 유리하다.
3. 가스요금, 전기요금, 통신요금 등은 사업자등록증(사본)을 송부하고 전자세금계산서를
   발행받자.
   : 개인 명의는 부가세 환급이 되지 않는다.
4. 직원 인건비를 신고하자.
   : 직원들이 식사한 식대를 복리후생비로 회계 처리하여 부가세만큼 환급받을 수 있다.

[사업자등록증]
사업자등록증을 받아야 하는데 어떤 서류가 필요한가요?

화로구이 식당을 열기 위해 한창 인테리어 공사 중인 김 사장은 인테리어 부가세를 돌려받기 위해서 사업자등록을 해야 한다는 이야기를 듣고 인근 세무서에 사업자등록을 하러 갔다. 사업을 하는 지인들에게 물어보니 신분증과 임대차 계약서만 준비하면 된다고 했으나 막상 세무서에 가보니 식당 사업자등록증을 받기 위해서는 필요한 서류들이 더 있었다. 그럼 김 사장이 음식점의 사업자등록을 하기 위해 더 준비해야 하는 서류는 무엇일까?

개인사업자의 경우, 본인 명의로 사업자등록증을 내기 위해서 기본적으로 본인 신분증, 임대차 계약서를 준비하고, 상호, 업종과 업태 등을 기재하여 사업자등록증 신청서를 작성하여 제출하면 된다. 요즘은 국세청 홈택스에 직접 신청할 수 있고, 온라인 신청이 어렵다면 관할 세무서 민원실을 방문하여 도움을 받을 수 있다.

그러나 일부 관련 기관의 허가나 신고가 필요한 사업은 사업자등록증을 내기 전에 관련 기관을 먼저 방문해야 한다. 대표적으로 위 사례의 김 사장처럼 식당업의 사업자등록증을 신청하려면 구청 위생과에서 영업 신고 및 허가증부터 받아야 한다.

영업 신고 및 허가증을 받으려면 우선 위생 교육과 보건증부터 발급받아야 한다. 위생 교육은 한국외식업중앙회나 한국휴게음식중앙회 홈페이지에서 온라인 또는 오프라인 교육을 신청하면 된다. 교육은 6시간 정도이며, 교육을 마치면 위생 교육 이수증을 받을 수 있다. 보건증은 신분증을 가지고 보건소에 방문해 결핵, 장티푸스, 피부질환 등을 검사하고 발급받아서 업장에 반드시 비치해야 한다. 보건증은 1년마다 갱신해야 하며, 만약 이를 어기면 행정처분을 받거나 벌금을 낼 수도 있다.

위생교육수료증, 보건증을 받으면 임대차계약서, 신분증, 가스 안전 검사필증, 소방시설 완비증명서 (지하 66㎡, 2층 이상 100㎡ 이상), 액화석유가스 사용시설 검사필증, 재난 배상책임보험(1층 100㎡ 이상) 등을 제출하면 영업신고증을 발급받을 수 있다. 유흥주점과 단란주점 등은 허가 업종이므로 자금 출처 소명서가 필요하며, 공동사업을 한다면 공동사업 계약서가 추가된다.

개업을 위해 인테리어 공사를 하다 보면 시간에 쫓겨 꼭 해야 할 일들을 놓치곤 한다. 특히 인테리어 공사 업체나 주류상과 거래를 하거나, 카드 단말기를 설치할 때 또는 은행에서 대출받을 때 사업자등록증이 필요하므로 사업자등록을 서두르는 것이 좋다.

사업 개시 전에도 사업자등록증을 받을 수 있지만, 혹시 사업자등록 전에 시설 장비나 물품을 구입하였거나, 컨설팅 서비스를 받았다면 이에 대한 부가세를 환급받기 위해서는 주민등록번호로 세금계산서를 발급받는 방법도 있다.

원칙적으로 사업을 시작한 날로부터 20일 이내에 사업자등록증을 신청해야 하고 이를 지키지 않으면 사업 개시일부터 사업자등록 신청일까지의 매출에 대해서 1%의 가산세가 있다. 반면에 매입세액공제를 받기 위해서는 해당 과세 기간이 끝난 후 20일 이내까지는 반드시 사업자등록을 신청해야 한다. 하반기라면 1월 20일까지, 상반기라면 7월 20일까지 사업자등록을 신청해야 부가세 환급을 받을 수 있다.

[간이과세 사업자]
사업자 낼 때 일반과세자보다 간이과세자가 유리한가요?

오랜 직장 생활을 마치고, 일단 집에서 온라인쇼핑몰 준비를 하던 박 사장은 동창회에 사업하는 친구들과 이야기하던 중 사업자 신고 종류에 대한 고민이 생겼다. 왜냐하면, 친구 중 몇 명은 간이과세 사업자가 낫다고 하고, 다른 몇 명은 일반 과세 사업자가 낫다고 했기 때문이다.

간이과세자는 신규 개업이거나 1년 매출이 부가세 포함해서 8천만 원(부동산임대업과 과세유흥장소는 4천8백만 원)이 안 될 것으로 예상될 때 신청한다. 간이과세자는 부가세 포함 연 매출(공급대가) 4천8백만 원까지는 부가세가 면제된다. 4천8백만 원 이상 8천만 원까지는 매출액에 10%를 곱한 다음 업종별로 부가율(음식점 및 소매 15%, 숙박업 25%, 전문서비스 및 부동산임대업 40%, 기타서비스업 30% 등)을 다시 한번 곱한다. 예를 들어 식당 간이사업자가 공급대가가 1천1백만 원이었으면 세액은 165,000원(1천1백만 원 x15%*10%)인 데 반해, 일반과세자였으면 1백만 원(1천1백만 원x10/110)이므로 거의 6배까지 차이가 나게 된다.

대신 매입세액공제 할 때 환급률은 0.5%인데, 예를 들어, 세금계산서와 신용카드 전표를 증빙으로 받은 매입한 공급대가가 5백50만 원이라면, 돌려받는 세액은 27,500원(5백50만 원x0.5%)인데 반해, 일반과세자라면 50만 원(5백50만 원x10/110)이므로 거의 18배까지 차이가 나게 된다. 물론 돌려받는 부가세가 적기 때문에 불리할 것 같지만, 내야 하는 매출 부가세도 적기 때문에 일반적으로는 간이과세가 유리하다. 또한 식당에 적용되는 의제매입세액 공제는 없으나, 신용카드 발행 세액공제는 일반과세자와 마찬가지로 1.3%만큼 가능하기 때문에 거의 부가세를 안 내게 된다.

반면 4천8백만 원 미만 간이과세자의 불리한 점은 세금계산서를 발행할 수 없다는 점이다. (4천8백만 원 이상 8천만 원 미만의 간이과세자는 일반과세자처럼 세금계산서를 발행하여야 한다) 그렇기 때문에 상대방이 세금계산서를 받고 싶어 한다면 아예 거래가 어려울 수도 있고 개업 당시에 인테리어나 시설, 장비 비용이 많이 든 경우, 매입 세액을 거의 환급 받지 못하기 때문에 개업할 때 일반과세자로 사업자등록을 하는 것이 유리하다. 위 온라인 쇼핑몰의 사례에서 만일 박 사장이 이 커머스 (예:쿠팡)를 통해 쇼핑몰 사업을 하려고 한다면, 일반과세자로 사업자를 내야 이 커머스와 거래를 할 수 있는 것도 주의해야 한다.

간혹 간이과세 사업자가 일반과세 사업자보다 부가세를 적게 낸다고 해서 세금계산서나 다른 증빙들을 제대로 수취하지 않는 경우가 있는데 이렇게 되면 종합소득세 신고할 때 증빙 부족으로 인해서 종합소득세를 많이 낼 위험도 있다.

개업 당시 간이과세자였지만, 1년 중 개업 시점이 언제라도 12개월로 환산하여 부가세를 포함한 연 매출이 8천만 원 이상이면 다음 해 7월 1일부터 일반과세자로 전환된다. 간이과세자에서 일반과세자로 전환 시 간이과세자를 유지하고자 일반과세자를 포기할 수 없으나, 매출이 작아 일반과세자에서 간이과세자로 변경되는 경우에는 간이과세자를 포기할 수 있다.

예를 들어 인테리어 비용 부가세 환급 때문에 일반과세자로 신청하였으나 간이과세자로 전환되면 환급받았던 매입 세액을 일부 반환해야 하므로 간이과세자를 포기할 수 있다. 그리고 간이과세를 포기하면 이후 3년간 간이과세를 적용받지 못한다.

참고로 간이과세 사업자는 일종의 혜택으로 보아 국세청에서는 국세청 고시(제2017-27호)를 통해 간이 배제 기준을 마련해 놓았다. 배제 업종, 배제 지역, 배제 건물 등을 지정해 놓았기 때문에 오픈하고자 하는 업종, 지역, 건물 등을 꼼꼼히 살펴 간이과세자로 신청할 계획을 세워야 한다.

대표적인 배제 업종으로는 광업, 제조업(떡방앗간, 과자점, 양복점 등 소비자를 직접 상대하는 사업은 간이과세 적용 가능), 도매업, 부동산매매업, 부동산임대업(특별시, 광역시 및 시 지역 소재), 변호사업, 공인회계사업, 세무사업 등 전문직이 있다. 한편 주소지마다 간이 배제 여부를 공시하고 있는데 일반적으로 임대료가 높은 지역은 안 되는 곳이 많고 백화점이나 대형마트 내에 있는 가게는 간이 배제이다.

memo.

[매출 구성]
우리 가게 매출은 어떻게 집계를 하나요?

사당동에서 치킨집을 하는 오 사장은 최근 세무서에서 세금을 적게 신고했다는 안내를 받고 당황하였다. 의도치 않게 배달 애플리케이션을 통해 입금된 금액을 신고 안 한 것이다. 현재 3종류의 배달 애플리케이션을 사용하고 있는데 배달 애플리케이션 회사를 통해 입금되는 현금은 자동으로 신고가 되는 줄 알았다. 과연 어떻게 신고해야 할까?

영업장의 매출은 대부분 신용카드와 현금영수증 매출이다. 하반기 부가세 신고를 하는 1월과 상반기 매출 신고를 하는 7월에 국세청에서 조회 가능하다. 또한 사용하고 있는 포스기POS 회사에 부가세 자료 요청을 하면 바로 보내주기도 한다.

현금영수증을 발행하지 않는 현금매출을 정확하게 산정하는 것이 현실적으로 어렵기 때문에 예전에는 신용카드 매출의 몇 % 정도 현금 매출을 더 잡아서 신고하기도 했다. 그러나 점차 현금 대신 카드를 주로 사용하고, 연말정산 공제에 반영이 되기 때문에 직장인들의 현금영수증 발행 요청이 많아졌다. 또 일부 업종에서 현금영수증 발급(10만 원 이상 현금 거래)이 의무가 되면서 현금 매출 비율이 급격하게 줄고 있다.

소비자가 현금영수증 발급을 원하지 않거나 소비자의 인적 사항을 모른 채, 계좌 이체된 현금매출의 경우에도 현금을 받은 날부터 5일 이내 국세청 지정 코드(010-000-1234)로 자진 발급해야 하며, 이를 어겼을 때는 가산세 20%가 부과된다.

<표5> 현금영수증 의무발행 업종

구분	업종
사업서비스업	변호사업, 공인회계사업, 세무사업, 변리사업, 건축사업, 법무사업, 심판변론인업, 경영지도사업, 기술지도사업, 감정평가사업, 손해사정인업, 통관업, 기술사업, 측량사업, 공인노무사업, 행정사업
보건업	종합병원, 일반병원, 치과병원, 한방병원, 요양병원, 일반의원 (일반과, 내과, 소아청소년과, 일반외과, 정형외과, 신경과, 정신건강의학과, 피부과, 비뇨기과, 안과, 이비인후과, 산부인과, 방사선과 및 성형외과), 기타의원 (마취통증의학과, 결핵과, 가정의학과, 재활의학과 등 달리 분류되지 아니한 병과), 치과의원 한의원, 수의업
숙박 및 음식점업	일반유흥 주점업 (식품위생 시행령 제21조제8호다목에 따른 단란주점영업을 포함한다), 무도유흥 주점업, 일반 및 생활 숙박시설 운영업, 출장음식 서비스업, 기숙사 및 고시원 운영업 (고시원 운영업에 한정한다), 숙박공유업
교육 서비스업	일반 교습 학원, 예술 학원, 외국어학원 및 기타 교습학원, 운전학원, 태권도 및 무술교육기관, 기타 스포츠 교육기관, 기타 교육지원 서비스업, 청소년 수련시설운영업 (교육목적용으로 한정한다), 기타 기술 및 직업훈련학원, 컴퓨터학원, 기타 교육기관
그 밖의 업종	가전제품 소매업, 골프장 운영업, 골프연습장 운영업, 장례식장 및 장의관련 서비스업, 예식장업, 부동산 중개 및 대리업, 부동산 투자 자문업, 산후조리원, 시계 및 귀금속 소매업, 피부미용업, 손.발톱 관리 미용업 등 기타 미용업, 비만관리센터 등 기타 신체관리 서비스업, 마사지업 (발마사지업 및 스포츠 마사지업으로 한정한다), 실내건축 및 건축마무리 공사업 (도배업만 영위하는 경우는 제외한다), 인물사진 및 행사용 영상 촬영업, 결혼 상담 및 준비서비스업, 의류 임대업, 의약품 및 의료용품 소매업, 포장이사운송업, 자동차 부품 및 내장품 판매업, 자동차 종합 수리업, 자동차 전문 수리업, 전세버스 운송업, 가구 소매업, 전기용품 및 조명장치 소매업, 의료용 기구 소매업, 페인트.창호 및 기타 건설자재 소매업, 주방용품 및 가정용 유리.요업 제품 소매업, 안경 및 렌즈 소매업, 운동 및 경기용품 소매업, 예술품 및 골동품 소매업, 중고자동차 소매업 및 중개업, 악기 소매업, 자전거 및 기타운송장비 소매업, 체력단련시설 운영업, 묘지분양 및 관리업, 장의차량 운영업, 독서실 운영업, 두발 미용업, 철물 및 난방용구 소매업, 신발 소매업, 애완용 동물 및 관연용품 소매업, 의복 소매업, 컴퓨터 및 주변장치, 소프트웨어 소매업, 통신기기 소매업, 건강보조식품 소매업, 자동차 세차업, 벽지.마루덮게 및 장판류 소매업, 공구 소매업, 가방 및 기타 가죽제품 소매업, 중고 가구 소매업, 사진기및 사진용품 소매업, 모터사이클 수리업, 가전제품 수리업, 가정용 직물제품 소매업, 가죽.가방 및 신발 수리업, 게임용구.인형 및 장난감 소매업, 구두류 제조업, 남자용 겉옷 제조업, 여자용 겉옷 제조업, 모터사이클 및 부품 소매업 (부품판매업으로한정), 시계.귀금속 및 악기 수리업, 운송장비용 주유소 운영업, 의복 및 기타 가정용 직물제품 수리업, 중고 가전제품 및 통신장비 소매업
통신판매업 (현금영수증 의무 발행업종의 재화 또는 용역을 공급하는 경우에 한정)	전자상거래 소매업, 전자상거래 소매 중개업, 기타 통신 판매업

유흥주점 외에 일반 식당 같은 가게들은 현금영수증 의무 발행업종은 아직 아니나, 매년 의무 발행업종이 추가되고 있기 때문에 현금영수증 발행을 미리 준비하는 것이 좋을 것으로 보인다.

현금 매출 이외에 중요한 매출로는 일명 소셜 매출(소셜 커머스 매출)이 있다. 예를 들어 식당 애플리케이션이나 숙박 애플리케이션 업체로부터 입금받은 매출이다. 통장으로 입금되는 배달 매출은 2024년 현재 국세청에서 대부분 파악하고 있으며 거의 매년 배달 매출 누락에 대해서 전수조사하므로 꼭 신고해야 한다. 각 애플리케이션의 고객사이트에 들어가서 부가세 참고 자료를 확인하여 매출이 있는지 없는지 확인해야 한다. 그러나 일부 매출은 아직 조회가 안 되기도 하는데 해당 배달 중개 업체가 광고나 배달 수수료를 세금계산서 발행했다면 역으로 매출을 추적할 수도 있다.
상반기 신고할 때는 1~3월과 4~6월 두 분기 자료를 각각 받아서 합산하면서 확인해야 한다. 여기서 주의해야 할 것은 배달 중개 업체를 통해서 입금된 금액 중 이미 국세청에 집계된 신용카드 매출, 현금영수증 매출이 포함될 수도 있어서 국세청에서 확인된 매출과 배달 중개 업체로부터 확인한 매출을 단순히 합친다면 매출이 중복되어서 잡힐 수도 있다.

부가세 신고를 할 때 소셜 매출을 덜 신고하면 소득세 수입신고 역시 누락이 되며, 1~2년 후에 밝혀졌을 때 부가세 부담뿐 아니라 소득세 부담까지 떠안게 되므로 처음부터 제대로 신고하는 것이 중요하다.

memo.

[적격증빙]
신용카드 결제하는 것보다
세금계산서를 받는 것이 부가세 신고할 때 더 유리한가요?

올해로 4년째 헬스장을 운영하는 곽 사장은 최근 들어 운동기구를 신용카드로 결제하고 구매하고 있는데, 필라테스를 운영하는 후배는 여전히 현금을 이체하고 세금계산서를 받고 있다는 이야기를 들었다. 이유를 물어보니 부가세 계산할 때 더 유리하다는 것이다. 실제로 신용카드와 세금계산서 (또는 계산서) 중 어느것을 받느냐에 따라 차이가 있을까?

결론부터 말하면, 부가세 과세 대상 물품이나 서비스를 구매할 때 이체하거나 현금을 지급하고 세금계산서나 계산서를 발급받는 것과 신용카드로 구매하는 것, 사업자등록번호로 발급받는 현금영수증(사업자지출 증빙) 사이에 부가세 차이가 없다.

매입 세액과 의제매입세액 공제를 받기 위해서는 적격 증빙이 필요한데 모두 동일한 효과가 있는 증빙이다. 부가세가 과세하는 공산품이나 서비스에 대해서는 세금계산서를, 농수산물과 같은 면세 물품에 대해서는 계산서를 받으면 된다. 또한 신용카드로 결제를 하거나 사업자 지출 증빙을 사업자등록번호로 발급받는 것도 가능하다. 사업자등록증 상의 명의로 된 사장의 신용카드와 직원 명의의 신용카드로 계산하면 부가세 환급이나 의제매입세액 공제가 가능하다.

다만, 위의 곽 사장처럼 신용카드로 결제하면, 부가세 신고 후 국세청으로부터 개인적으로 쓴 비용(사적 경비)이 아닌가 하는 의심을 받을 수 있기 때문에 세금계산서(또는 계산서)가 업무용이라고 소명할 때 좀 더 유리할 수는 있다. 왜냐하면, 신용카드로 결제하는 것은 세금계산서 혹은 계산서를 발급받기보다 훨씬 쉽기 때문에 개인적인 용도로 사용한 것이 아니라는 것을 증명해야 하는 경우가 종종 생기기 때문이다. 따라서 신용카드 전표나 현금영수증은 세금계산서나 계산서와는 달리 어떤 품목을 구매했는지 확인이 어려울 수 있기 때문에 구매 목록을 미리미리 정리해 두는 것이 좋다.

⟨표6⟩ 부가세 성실신고 확인 내용

	확인할 내용
매출	전자세금계산서 및 종이세금계산서 발행분 확인
	신용카드 및 현금영수증 발행분 확인
	(현금매출) 계좌이체, 핀테크 결제 등으로 받은 결제대금 확인
	(영세율) 수출통관내역,내국신용장 및 구매확인서 관련 매출 확인
	(첨부서류) 부가가치세법 및 조세특례제한법 상 영세율 적용 위한 필수서류 준비
	(겸업) 과.면세 겸업사업자 과세매출 적정 확인
매입	(세금계산서) 면세.간이.폐업 사업자로부터 매입액은 공제 제외
	(신용카드) 사업 무관.개인적 사용.접대비 목적 사용액은 공제 제외
	(비영업용 소형승용차) 구입.유지.임차 목적 매입액은 공제 제외
	(중복공제 검토) 매입세금계산서 대금결제를 신용카드로 한 경우
	(겸업) 과.면세 겸업사업자 공통매입세액 안분 적정 확인
	(공제초과) 농.축.임.수산물 의제매입세액 공제한도 초과 여부 확인
	(매입처 확인) 일반과세자로부터 매입한 재활용.폐자원 관련 매입세액은 공제 제외
세액공제등	(가산세) 전자세금계산서 미전송(1%).지연전송(0.5%)확인
	(공제한도) 신용카드발행세액 연간 공제 한도 초과 여부 확인
	(신용카드발행세액 공제 배제) 법인 및 진적연도 공급가액 10억 초과 개인사업자

[의제매입세액 공제]
계산서를 많이 챙겼는데도 부가세가 많이 나오는 이유는 무엇인가요?

돈가스집 왕 사장은 2년 만에 매출이 2배로 올랐고, 부가세는 2배 이상 나왔다. 분명히 다른 증빙은 물론 의제매입세액을 받기 위해서 계산서도 많이 챙겨 놓았는데 왜 부가세가 2배 이상 나왔는지 궁금해졌다.

일반적으로 음식점에서 파는 음식은 과세 물품이지만 대부분 식재료는 면세 물품이다. 부가세가 없는 면세 물품을 샀을 때 계산서(또는 부가세가 없는 신용카드 전표)를 받는데 부가세 부담을 어느 정도 줄이기 위해서 음식점에 대해서는 의제매입세액 공제라는 보안 장치가 마련되어 있다. 의제매입세액 공제란 농수산물 등 면세 물품 계산서에 일정한 비율로 부가세를 계산하여 환급해 주겠다는 제도이다.

따라서 식당의 식재료 대부분이 면세이기 때문에 증빙 없이 현금으로 거래하거나 계산서를 챙기지 않으면 의제매입세액 공제를 받지 못해 부가세를 더 내야 하니 반드시 계산서를 챙겨야 한다. 게다가 전자계산서 의무 발급이 점차 확대되고 있어 발급 기간이 지나면 전자계산서를 못 받을 수도 있으니 미리미리 거래처에 요청하는 것이 좋다.

의제매입세액 공제에서는 식당의 형태와 규모에 따라 계산서 발급 금액에 일정 비율을 곱한 금액만큼 공제한다. 아래 표와 같이 개인 식당, 법인 식당, 과세 유흥장소 등에 따라 공제율이 다르다. 예를 들어, 개인 식당을 하는 왕 사장이 6개월 매출이 2억 원이 안 되는 경우 5천만 원 정도 돼지고기를 매입하고 계산서를 수취한다면 약 4백13만 원(5천만 원x9/109) 정도 의제매입세액 공제를 받을 수 있다.

<표7> 의제매입세액 식당 종류별 공제 비율

구분	공제 비율
6개월 매출 2억원 이하 (개인식당)	9/109 (약 8.3%)
6개월 매출 2억원 초과 (개인식당)	8/108 (약 7.4%)
법인식당	6/106 (약5.7%)
과세 유흥 장소	2/102 (약1.9%)

하지만 위 사례에서 왕 사장의 부가세가 2배 이상 나온 이유는 의제매입세액 공제 한도 때문이다. 2014년도부터 공제 한도가 생기면서 일정 금액 이상의 계산서는 의제매입세액 공제를 받을 수 없게 되었다. 특히 매출액이 큰 사업장은 의제매입세액공제를 받을 수 있는 금액이 대폭 감소하였다.

예를 들어 왕 사장의 6개월 매출이 2억 원 미만이면 의제매입세액 공제를 받을 수 있는 계산서 한도는 1억 4천만 원(2억 원x70%)이 된다.

<표8> 의제매입세액 매출 구간별 공제한도 비교

구분	공제율
6개월 매출 1억원 이하 (개인식당)	과세표준의 75%
6개월 매출 1억원 - 2억원 이하 (개인식당)	과세표준의 70%
6개월 매출 2억원 초과 (개인식당)	과세표준의 60%
법인식당	과세표준의 50%

[신용카드 발행 세액 공제]
상하반기 매출이 비슷한데 하반기 부가세가 왜 더 많이 나오나요?

평소 음식점을 하고 싶었던 지 사장은 눈여겨보던 자리에 닭갈비 집을 개업했다. 지 사장은 장사 수완도 좋아서 개업 첫 6개월 만에 매출액이 2억 5천만 원 정도 되어 몹시 흡족했다. 하반기 매출액도 상반기와 비슷했기 때문에 지 사장은 당연히 비슷한 금액의 부가세를 예상하였으나, 하반기 부가세가 상반기보다 많이 나와 세무사를 찾았다.

개인 사업체에서 신용카드나 현금영수증 또는 전자금융거래법상 신용카드 매출이면 부가세를 포함한 카드 매출의 1.3%에 해당하는 금액을 부가세에서 최대 연간 1천만 원까지 공제를 해주는데 이를 신용카드 매출전표 발행 세액 공제(이하 신용카드 발행 세액 공제)라고 한다. 신용카드 단말기(포스기)를 설치하여 고객으로부터 신용카드를 받거나 현금영수증을 발행하면 매출을 숨기는 것 없이 투명하게 신고하기 때문에 이를 유도하기 위해서이다.

이때 연간 한도가 1천만 원이라는 데 주의해서 위 사례를 살펴보면, 아마도 상반기에 납부할 부가세가 많아서 공제를 많이 했고, 하반기 부가세 신고할 때 신용카드 발행 세액 공제 한도 때문에 상반기에 비해서 공제액이 줄었을 가능성이 크다.

구체적으로 예를 들면, 만일 상반기 카드 매출액이 6개월에 4억 5천만 원일 때 여기에 1.3%를 곱한 금액이 5백85만 원이다. 만일 연간 1천만 원 한도 안에서 상반기에 5백만 원만 공제하면, 하반기에도 5백만 원을 공제할 수 있다. 그러나 상반기에 5백85만 원을 공제받게 되면 하반기에 같은 매출일 때에도 연간 1천만 원 한도에서 5백85만 원을 뺀 4백15만 원 밖에 공제를 못 받게 된다.

한편 우리 가게 포스기에서 결제를 안 하더라도 배달중개업체 카드 매출이 우리 가게 통장으로 입금되었을 때, 신용카드 발행 세액 공제 대상 카드 매출로 인정된다. 원래 여신금융 법상의 카드 결제금액만 공제 대상이었으나, 2018년에 전자금융거래법상 결제 대행업체의 결제금액을 신용카드 매출 공제 대상의 범위로 포함하는 것으로 법이 개정되었기 때문이다.

이때 배달 중개 업체가 전자금융법상 등록을 해야 신용카드 발행 세액 공제 대상이 된다. 대표적인 업체인 배달의민족은 2016년에 등록을 했고, 대부분의 온라인 쇼핑몰도 등록이 되어 있다. 등록된 업체인지는 e-금융 민원센터에 들어가서 등록 현황을 통해 확인해 볼 수 있다.

연 매출이 약 7억 7천만 원인 경우 1천만 원을 모두 공제받게 되는데 2018년 이후 오프라인 매장 없이 배달 매출만 있던 연 매출 5억 원인 떡볶이 매장은 법이 개정된 이후 연간 6백50만 원의 부가세를 덜 내게 된 극적인 사례도 있었다.

그러나 모든 사업체가 이런 혜택을 받는 것은 아니다. 법인 사업체는 적용이 안 되고, 개인 사업체 중에서도 작년 연간 매출액이 10억 원이 넘는 경우에는 신용카드 발행 세액 공제를 받지 못한다.

[부가세 기타 이슈]

1. 개인 사업을 법인으로 전환하면 부가세가 늘어난다는데 정말인가요?
2. 사업 초기 투자 비용이 많이 들어갔는데 부가세를 일찍 환급받을 수는 없나요?
3. 자동차를 샀는데 매입세액공제가 가능한가요?

memo.

1. 개인 사업을 법인으로 전환하면 부가세가 늘어난다는데 정말인가요?
법인전환과 부가세

결론부터 말하면 개인사업을 법인으로 전환했다고 해서 부가세가 크게 바뀌지는 않는다. 부가세는 본질적으로 고객으로부터 걷어서 국세청에 대신 납부하는 세금이기 때문이다. 그러나 연간 최대 1천만 원이나 하는 신용카드 발행 세액 공제를 법인은 받을 수 없기 때문에 연간 매출이 10억 원 미만이면서 카드 매출이 약 7억 7천만 원을 넘는 가게는 1천만 원만큼 부가세를 더 내게 낸다. 다음으로 개인 식당에서 법인 식당으로 전환하면 의제매입세액 공제가 줄어든다. 계산서 금액 합계가 동일하더라도 부가세 계산할 때 적용되는 공제 한도와 공제율 자체가 개인 식당보다 낮기 때문에 무조건 부가세가 많이 나온다.

memo.

2. 사업 초기 투자 비용이 많이 들어갔는데 부가세를 일찍 환급받을 수는 없나요?

부가세 조기환급

사업을 개업하면서 혹은 필요에 의해서 큰 비용을 설비 등에 투자했다면 부가세 10%를 더 지급한 것이 운영 자금 부담으로 다가올 때가 있다. 시설 투자에 대한 혜택을 주는 부가세 조기 환급제도를 활용하면 자금 운용에 도움을 받을 수 있다. 부가세는 원래 일 년에 두 번 신고하고 환급을 받는 것이지만 이 제도를 이용하면 부가세를 미리 매월 단위로 환급을 받을 수 있어서 매월 25일에 부가세 조기 환급 신청을 하면 다음 달 10일경까지 부가세에 해당하는 10%의 금액이 환급된다. 그런데 미리 시설 투자비의 10/110만큼(약 10%) 돈을 돌려받기 때문에 무조건 유리한 제도인 것 같지만, 장사가 잘되어 매출이 많이 증가한 경우에는 한 번 더 생각을 해봐야 한다. 환급액을 미리 받았다면 7월과 1월 부가세를 납부할 때 환급액이 적어서 부가세 부담이 크게 느껴질 수 있기 때문이다.

memo.

3. 자동차를 샀는데 매입세액공제가 가능한가요?
승용차와 부가세

원칙상 버스, 트럭, 9인승 이상 밴, 125cc 이하 오토바이, 1,000cc 이하 경차(길이 3.6m, 폭 1.6m 이하) 등은 구매 시 매입세액공제가 된다. 정확하게는 개별소비세(사치품에 부과되는 세금)가 부과되는 차량은 공제가 안 되고, 개별소비세를 안 내는 차량은 부가세 환급을 해준다. 국세청에서 발간하는 부가세 안내 책자나 국세청 사이트(개별소비세법)를 참고하면 배기량이나 몇 인승부터 공제가 되는지 차종마다 자세히 규정되어 있으니 승용차 구입할 때는 국세청 사이트에서 공제되는 차량인지 확인하는 것이 가장 안전하다. 부가세 환급이 가능하다고 해서 샀다가 안 되는 경우도 종종 있는데 간단하게 설명하면 승용차와 9인승 미만 밴은 안 된다고 생각하면 된다. 공제를 위해서 식당 사업자등록번호로 세금계산서를 받아야 하고, 공제되는 차량이어야 관련 비용인 주유비용과 차량 수리비 등도 부가세 환급이 된다.

〈표9〉 부가세 여부 차량 표

매입세액 불공제 차량	매입세액 공제 차량
1. 8인승 이하 승용차 (SUV 포함) 2. 캠핑용자동차 (캠핑용 트레일러 포함) 3. 125cc 초과 오토바이	1. 9인승 이상 승용차, 승합차 2. 배기량 1,000cc 이하인 경차 3. 길이가 3.6m 이하, 폭 1.6m 이하인 전기차 4. 화물자동차, 실외 VAN형 차량 5. 125cc 이하 오토바이

인건비, 개인사업자 세무의 핵심

Part 2

인건비의 이해 _48

[인건비 신고 준비] _50
직원 인건비를 비용처리 하려면 어떻게 해야 하나요?

[인건비 신고 방법] _52
사업 초창기에 잠깐 일한 직원들에게
지급한 비용은 전부 월급인가요?

[인건비와 부가세 관계] _54
인건비가 많이 나가는데 부가세가 왜 많이 나오나요?

[4대 보험 신고] _56
4대 보험 신고는 꼭 해야 하나요?

[인건비 신고 여부 사례] _58
인건비 신고가 절세에 유리한 이유는 무엇인가요?

[퇴직금 신고] _62
퇴직금이 월급에 포함되어 있으면
퇴직금을 지급하지 않아도 되나요?

[추가 수당 신고] _64
직원이 갑자기 연장근로수당과 주휴수당을 달라고 하는데
어떻게 처리하나요?

[인건비 기타 이슈] _66
1. 직원들이 통장에 얼마를 찍어 달라고 하는데 _66
   인건비 신고를 어떻게 할까요?
2. 직원들이 자주 바뀌는데 근로계약서를 꼭 써야 하나요? _67
3. 외국인을 고용하려면 어떻게 해야 하나요? _68
4. 두루누리 사회보험, 고용 촉진 지원금 등 인건비 지원 제도 Q&A _69
5. 무단결근, 산재 처리, 권고사직 등 기타 노무 Q&A _71

인건비의 이해

사업을 할 때 3대 주요 비용으로 재료비, 인건비, 임차료(임대료)가 있다. 재료비는 제품마다 가격 대비 재료비의 비율이 천차만별이기 때문에 업종에 따라 큰 차이가 난다. 개인사업자는 서비스업이 대부분이기 때문에 재료비보다는 인건비 관리가 이익을 결정하는 중요한 변수가 된다. 사업이라는 것은 혼자 하지 않는 한 인건비가 중요한 요인임은 부정할 수 없는 사실이고 절세하기 위해서 신고를 꼭 해야 하는 중요한 항목임에도 대다수 서비스업 자영업자는 인건비 신고를 꺼리고 있다.

한편 많은 개인사업자가 인건비 신고하는 데 필요한 증빙을 제대로 갖추지 못해서 인건비 신고를 못 하는 경우도 많다. 예를 들어 근로계약서가 없거나, 하루하루 직원들에게 현금으로 지급하여 계좌 이체 내역이 없어서 실제로 지급하였다고 해도 이를 증명할 방법이 없는 경우, 외국인 근로자는 불법취업자도 있기 때문에 이체한 내역이 있어도 신고하지 못하는 경우 등이다.

2018년 최저임금이 시간당 6,470원에서 7,530원으로 무려 16.4%나 인상되었고, 2024년 올해는 9,620원에서 9,860원으로 2.5% 인상되었다. 동시에 정부에서 인력 고용에 대한 4대 보험 가입을 강하게 압박하면서 개인사업자에게 인건비 신고가 부가세 신고만큼 중요한 이슈가 되었다. 인건비 신고를 하는 사업체가 늘면서 이에 따라 각종 시간외수당, 4대 보험, 퇴직금까지 동시에 신고 대상이 되었다.

〈인건비 관리 꿀 팁〉

1. 근로계약서를 반드시 작성하고 은행 계좌를 통해 지급하자.
2. 원천세를 반드시 신고하고 납부하자.
  매월 해도 되고, 직원 수가 적으면 반기에 한 번씩 해도 된다.
3. 4대 보험 신고도 반드시 하자.
  국세청과 신고 자료를 공유하기 때문에 4대 보험을 피할 수 없다.
  4대 보험료를 내지 않거나 적게 내려고 원천세 신고를 안 한다면,
  소득세를 더 많이 낼 수도 있다.

memo.

[인건비 신고 준비]
직원 인건비를 비용처리 하려면 어떻게 해야 하나요?

흑돼지 오겹살 식당을 운영하는 박 사장은 개업 때부터 함께 일한 홀서빙 직원들과 별도의 근로계약서를 쓰지 않았고 월급도 매달 현금으로 주었고, 1일 아르바이트직 급여도 매일 현금으로 주었다. 그런데 옆 가게 횟집 사장 말로는 현금으로 지급한 것은 세금 신고할 때 비용(인건비)으로 인정을 못 받는다고 한다. 정말 현금으로 급여를 지급하면 비용으로 인정받지 못하는 걸까?

소득세 신고를 할 때 종업원에게 준 비용은 인건비로 분류하는데 인건비로 인정을 받으려면 근로계약에 의해서 월급을 지급한 사실이 확인되어야 한다. 즉 근로계약서를 작성하고 사업용 계좌로 급여를 이체하여야 증빙이 된다는 뜻이다. 매월 급여에서 인건비에 대한 세금인 원천세(근로소득 에 대한 소득세)를 제하여 지급하고, 원천세는 매월 또는 반년에 한 번 신고·납부해야 하며 4대 보험 가입도 필수이다.

아르바이트와 같은 기간제 또는 일용직 단시간 근로자에 대한 근로계약서를 작성한 후 이름, 주민등록번호, 주소 등 인적 사항을 받아서 근로 내용 확인 신고서 또는 일용근로소득 지급명세서 신고를 해야 한다. 그래야 인건비 또는 잡급으로 처리하여 비용으로 인정받을 수 있다. 하지만 허위로 기재하는 경우가 많으므로 인적 사항을 꼼꼼히 챙기는 것이 필요하다.

서비스업은 인건비 비중이 매출 대비 20%가 넘는 경우가 많은데 소득세 신고를 할 때 인건비 지출을 인정 못 받으면 그만큼 이익이 늘어나고, 거기에 세율을 곱해서 계산하는 소득세가 늘어난다. 예를 들어, 소득세율이 20%라고 했을 때, 2천만 원의 인건비 신고를 하지 않는다면, 이익이 2천만 원이 늘어나는 셈이기 때문에 4백만 원을 소득세로 더 내게 될 수도 있다.

박 사장은 직원들과 아르바이트 모두 근로계약서를 작성하지 않았고, 통장으로 월급을 이체하지 않아 인건비를 지급한 증거가 매우 부족하므로 국세청이 인건비로 인정하기 어렵다. 따라서 인건비(비용)로 인정받기 위해서는 반드시 근로계약서를 작성하고 계좌로 이체하고, 매달 또는 반기마다 인건비 신고와 4대 보험 신고를 해야 한다는 점을 명심해야 한다.

최근 개인사업자는 세무조사보다는 사후소명을 통해서 소득세 신고 적정성을 검증하고 있다. 예를 들어, 소득세 신고 시 비용을 2천만 원으로 장부에 정리했는데 세금계산서와 신용카드로 사용한 것이 1천만 원 밖에 안된다면 국세청이 보기에 나머지 1천만 원은 인건비로 보이긴 하지만 인건비로 신고된 것이 없으니 이를 소명하라는 요청이다. 만일 이런 소명을 요청받았을 때, 근로계약서가 있고 해당 직원의 통장으로 이체한 내역이 있다면 신고를 미처 못한 것이니 늦었지만 지금이라도 하겠다고 소명할 수 있다. 물론 가산세가 나오지만, 세금을 다시 추징당하는 것보다는 훨씬 다행스러운 일이다.

[인건비 신고 방법]
사업 초창기에 잠깐 일한 직원들에게 지급한 비용은 전부 월급인가요?

오 원장은 교직에서 퇴직 후 학원을 개원하였다. 개원일 전후로 고용된 직원들에게 사업용 통장에서 급여를 지급하였으나 다들 금방 관두는 바람에 특별히 근로계약서도 쓰지 않았고, 별다른 세금 신고도 하지 않았다. 그런데 소득세 신고를 위해 알아보니 누구는 사업 소득이라 하고, 누구는 기타 소득이라 하니 누구의 말이 맞는지 혼란만 커졌다.

개인사업체에서 급여든 다른 명목이든 보수를 지급하면 사장 입장에서는 비용이고, 받은 사람에게는 소득이다. 이때 세법상 정규직 근로소득으로 신고할지, 일용직 소득으로 신고할지, 사업소득으로 신고할지를 정의해 놓았기 때문에 상황에 따라 소득의 종류가 달라지고 소득을 지급할 때 미리 떼는 원천세 금액이 달라진다.

앞서 계속 언급했듯이 정규직 근로소득으로 지급한 것을 인건비로 인정을 받으려면 근로계약에 의해서 월급을 지급한 사실이 확인되어야 한다. 국세청에 원천세 신고와 4대 보험 신고를 동시에 해야 한다. 원천세 신고와 4대 보험 신고 중 하나만 하는 경우, 1년 정도 지난 후에 한꺼번에 폭탄처럼 부과되기 때문에 매달 나눠서 내는 것이 더 낫다. 예를 들어 매달 나눠서 30만 원 정도는 낼 수 있지만 1년 치 3백60만 원을 한 번에 납부하려면 부담이 크기 때문이다.

다음으로 일용직 역시 근로계약서를 반드시 써야 한다. 편의점 같은 업종은 아르바이트와 같은 일용직 신고가 인건비 신고의 대부분인 경우가 있는데, 사실 일용직은 원천세와 4대 보험 부담은 없다. 다만, 1개월을 기준으로 8일이나 60시간 이상 계속 근무하는 경우 정규직으로 자동으로 넘어가 4대 보험이 한꺼번에 부과되는 일이 자주 일어나고 있다. 1달 이상 근무해야 하는 경우에는 안전하게 정규직으로 신고하는 것이 장기적으로 낫다. 일용직 신고 금액은 보통 소득세 신고할 때 잡급 등으로 비용처리한다.

마지막으로 사업소득, 즉 3.3%를 제하고 금액을 지급하게 되는 프리랜서 신고가 있다. 4대 보험 부담이 없기 때문에 프리랜서로 인건비 처리를 해달라는 요청이 많지만, 직원의 출퇴근 시간이 정해져 있고, 지시에 의해서 업무를 준다면, 정규직 근로소득이나 일용직이다. 프리랜서는 말 그대로 출퇴근 없이 독립적으로 미리 정해진 업무만 하는 경우임에도 불구하고 많은 개인사업자들이 4대 보험이 부담이 없기 때문에 이렇게 해서라도 인건비 비용 처리를 하고 싶어 한다. 그러나 4대 보험 공단의 실지 현장 조사를 통해 정규직으로 밝혀지거나 월급처럼 매달 일정한 금액이 지급되는 것을 확인하고 정규직으로 밝혀질 경우, 근로소득에 대한 원천세와 4대 보험을 한 번에 내게 되는 경우가 종종 발생하기 때문에 정규직으로 신고하는 게 안전하다.

[인건비와 부가세 관계]
인건비가 많이 나가는데 부가세가 왜 많이 나오나요?

유명한 촬영 스튜디오를 운영하는 손 작가는 추가 채용한 직원 4명 모두 인건비 신고를 했다. 손 사장은 원천세와 4대 보험이 많이 나온 만큼 당연히 부가세가 줄어들 것으로 예상했는데 생각보다 부가세가 줄지 않자 당황하였다. 물론 가게 매출이 많이 오른 만큼 많은 직원을 채용하면서 나가는 인건비도 늘었는데 왜 부가세가 줄지 않은 것일까?

사업이 커지면서 가장 크게 부담되는 비용은 역시 인건비이다. 사업 규모가 커지고 있다면 직원수를 줄일 수는 없다. 그러다 보니 인건비가 많이 나가는 사업체에서는 직원은 늘었는데 부가세가 그만큼 줄어들지 않는다는 것에 대해 의아해할 수밖에 없다. 그 이유는 인건비가 부가세와는 아무런 관련이 없기 때문이다. 다시 말해서 인건비를 지급할 때 부가세가 포함되어 있지 않으므로 인건비를 많이 지출해도 부가세 환급이 되지 않는다.

직원과 관련하여 부가세를 줄일 수 있는 경우는 직원이 복리후생비 목적으로 소비했을 때이다. 예를 들어, 직원이 근무시간에 다른 식당에서 식사하거나 직원 복지를 위해 부가세가 붙는 물품을 구입하거나 서비스를 사용한 경우이다. 직원이 소비한 곳에서 발급받는 세금계산서나 직원 소유의 신용카드 전표를 제출했을 때는 부가세를 환급받을 수 있다. 따라서 직원들이 본인들 신용카드로 밥을 사 먹었다면 직원들의 신용카드 전표를 꼭 받아 놓아야 부가세를 줄일 수 있다. 이러한 소소한 비용까지 잘 챙기는 것이 절세의 지름길이라 할 수 있다.

정리하자면, 직원을 처음 채용한 사업체는 직원 복리후생비 항목으로 해서 부가세를 환급받을 수 있으나 추가 고용으로 인해 발생한 인건비만큼 부가세를 줄일 수는 없다.

memo.

[4대 보험 신고]
4대 보험 신고는 꼭 해야 하나요?

반포에서 학원을 운영하는 박 원장은 직원들을 채용할수록 고민이 깊어져 간다. 어떤 직원은 4대 보험 신고를 원하고, 어떤 직원은 원하지 않기 때문이다. 박 사장은 4대 보험 신고를 하면 국민연금과 건강보험료까지 박 사장이 내야 하니 부담이 크고, 그렇다고 신고하지 않으면 나중에 적발되어 4대 보험료 폭탄을 맞을까 봐 걱정이다.

박 원장의 걱정처럼 매년 사회보험에 대한 관리 감독 및 부과가 강화되고 있다. 사업체에 직원이 1년에 연속해서 2개월을 일하고 있다면 아르바이트로 신고해도 정규직과 마찬가지로 건강보험이나 국민연금에 가입이 되고 보험료도 한꺼번에 부과될 위험이 있다.

왜냐하면 일용직 근로자의 4대 보험 가입 제외 대상은 국민연금은 7일 이하 월 60시간 미만 근무자이고, 건강보험은 1개월 미만 월 60시간 미만 근무자, 고용보험은 주 15시간 월 60시간 미만 근무자이기 때문이다.

4대 보험 중에 최근 가장 엄격하게 관리 감독하는 것이 건강보험료이다. 1명 이상 정규직 직원이 있다면 무조건 신고를 해야 하고, 보험료도 반드시 내야 한다. 건강보험료는 지급하는 급여에서 7.09%를 곱하면 전체 납부보험료가 산출되고, 여기에 장기 요양보험료가 추가되는데 산출된 건강보험료에서 또다시 12.95%를 곱하여 산출하게 된다. 이렇게 산출된 전체 납부보험료는 고용주가 50%, 직원이 50% 부담하는 것이 원칙이다.

2024년 최저임금 기준 월 급여 약 2백6만 원을 기준으로 사업자 부담 건강보험료는 73,020원, 장기 요양보험료는 9,450원이다. 동일한 금액만큼 근로자 부담분을 급여에서 빼고 이체해야 하는 것이 원칙인데 간혹 근로자가 본인 부담금까지 고용자가 전액 부담해 달라고 요구하기 때문에 인건비 신고와 4대 보험 신고를 더욱 꺼리게 된다.

국민연금은 만 18세부터 60세까지는 내야 해야 하고 1명 이상 정규직이 있다면 신고해야 하지만, 일용직은 신고 대상이 아니다. 다만 식당의 경우 일용직은 3개월 이상 일하는 경우가 많아 건강보험료와 함께 정규직처럼 국민연금을 신고하는 경우가 많다. 보험료는 9%로, 건강보험료와 마찬가지로 고용주가 50%, 직원이 50% 부담하는 것이 원칙이지만 이 역시 대부분의 개인사업체 대표가 전액 부담하는 경우도 많다. 하지만 건강보험료와 달리 기준월 소득 최소 37만 원에서 최대 5백90만 원 사이만 적용하므로 월 급여가 5백90만 원 이상이라도 추가 납부하지 않는다.

산재보험은 정규직이든 일용직이든 상시 직원이 1명 이상이면 무조건 신고해야 한다. 업종마다 다른데, 도소매, 외식업 및 숙박업에 적용되는 보험료율은 0.8%이고, 4대 보험 중 유일하게 고용자가 전액 부담한다. 특히, 오토바이 배달 직원이 있다면 사고 위험이 크기 때문에 일용직 1명이라도 무조건 가입하는 것이 좋다.

고용보험은 실업급여 보험료 1.15%는 고용자가, 0.9%는 근로자가 부담하는 것이 원칙이지만 이 또한 일반적으로 고용자가 전액 부담하는 경우가 많다.

<표10> 4대 보험 요율표

	근로자	사업자
국민연금 (9%)	4.5%	4.5%
건강보험 (7.09%)	3.545%	3.545%
장기요양 (12.95%)	건강보험료의 6.475%	건강보험료의 6.475%
고용보험 (1.8%)	0.9%	0.9%
산재보험	-	1.47% (사업장마다 상이함)

[인건비 신고 여부 사례]
인건비 신고가 절세에 유리한 이유는 무엇인가요?

인건비 신고는 왜 해야 할까?
부산에서 정육점 식당을 운영하고 있는 김사장은 직원을 많이 쓰는 편이다. 그러나 4대보험과 각종 수당 부담 때문에 인건비 신고를 하지 않았다. 그러나 오늘 담당 세무사를 만나보니, 그런 부담보다 인건비를 신고하지 않으면 이번 소득세 부담이 더 클 것이라는 설명을 듣고 고민에 빠졌다.

개인사업을 하면서 인건비 신고는 큰 고민이다. 그 이유는 인건비는 부가세와는 직접적인 관련이 없지만, 소득세 신고와는 관련이 많기 때문이다. 소득세 신고 시 인건비 지출이 아무리 많더라도 신고를 안 하면 인정받을 수가 없어 그만큼 소득세가 증가한다.

원천세 전액과 4대 보험의 절반은 직원이 부담해야 하나 많은 개인사업체에서는 조금 상황이 다르다. 통장에 찍힐 금액(공제 후 금액)으로 급여 계약을 하므로 사업자와 근로자가 50%씩 부담하는 것이 아니라 월급 지급 시 자동으로 월급의 19% 정도를 사장이 매달 10일에 납부를 하게 된다. 이렇다 보니 4대 보험 신고나 인건비 신고 자체를 안 하려는 경향이 강하다.

그러나 이런 부담에도 불구하고 소득세 절세를 위해서는 인건비를 반드시 신고해야 한다. 소득세율에서 과세표준이라고 적힌 부분은 대략 이익이라고 보면 되는데. 매출에서 비용을 뺀 나머지 금액이다. 이익에 따라 세율이 달라지기 때문에 이 과세표준이 어느 세율에 걸리냐가 중요하다.
만일 인건비 신고를 했다면 그만큼 제외된 금액이 실제 이익일 테고, 인건비 신고를 안 했다면 인건비 비용만큼 이익이 올라가서 실제 이익과 차이가 있을 수 있다.

〈표11〉 소득세율

과세표준	세율	누진공제액
1,400만원 이하	6%	
5,000만원 이하	15%	126만원
8,800만원 이하	24%	576만원
1.5억원 이하	35%	1,544만원
3억원 이하	38%	1,994만원
5억원 이하	40%	2,594만원
10억원 이하	42%	3,594만원
10억원 초과	45%	6,594만원

원칙상 인건비가 있다면 인건비 신고를 하는 것이 당연하다. 그러나 개인사업체 사장 입장에서는 4대 보험 부담이 너무 크다 보니, 소득세율을 한번 확인해 보고 인건비를 신고하려는 업체도 있을 것이다.

예를 들어 매출이 5억 원이고 재료비, 임대료, 경비 등 합쳐서 3억 원, 인건비가 1억 원일 때 신고한 가게는 이익이 5억 원 빼기 3억 원 빼기 1억 원이므로 이익이 1억 원이다. 그런데 인건비 신고를 안 하는 가게는 5억 원에서 3억 원을 뺀 2억 원이 이익이다.

구체적인 소득세 부담과 4대 보험 부담을 알아보기 위해, 인건비가 5천만 원인 연 매출 3억8천만 원 식당을 사례로 들어 보면 5천만 원에 대해서 4대 보험 9백50만 원을 안 내는 대신, 소득세 신고할 때 5천만 원만큼 이익이 더 잡힌다. 이때 세율이 24%로 8천만 원에 대해서 지방세 포함 약 1천4백78만 원의 소득세가 나온다. 반면, 5천만 원에 대해서 인건비와 4대 보험 신고를 하는 경우, 이익은 3천만 원으로 세율은 15%가 되고 소득세가 3백56만 원으로 급격히 줄어들게 된다. 4대 보험 부담액 9백50만 원을 합쳐도 총합이 1천3백6만 원으로 인건비와 4대 보험 신고를 안 했을 때보다 약 1백72만 원을 덜 부담하게 되었다.

<표12> 인건비 신고가 절세에 유리한 사례

구분	안 했을 때	했을 때
매출	3억 8천	3억 8천
인건비 5천	0원	5천
다른 비용 3억	3억	3억
이익	8천 (세율 24%)	3천 (세율 15%)
소득세(지방세포함)	약 1,478만원	약 356만원
4대보험	0원	약 950만원
합계	약 1,478만원	약 1,306만원

이처럼 만일 인건비 신고를 해서 이익이 4천6백만 원 아래로 떨어지고, 소득세율이 15% 아래로 떨어진다면 인건비 신고를 하고, 4대 보험을 내는 것이 유리할 수 있다. 왜냐하면 4대 보험료율은 19%, 소득세율 24% 더 높기 때문이다.

memo.

[퇴직금 신고]
퇴직금이 월급에 포함되어 있으면 퇴직금을 별도로 지급하지 않아도 되나요?

미용실을 운영하는 오 원장은 2년 전 직원을 채용하면서 월급 2백만 원에 퇴직금 20만 원을 더해서 매달 2백20만 원을 지급하기로 하고 근로계약서를 작성하였다. 이후 원천세 신고도 매달 2백20만 원씩으로 신고하였는데 2년 후 직원이 그만두면서 퇴직금을 요구하였다. 오 원장은 이미 매달 퇴직금을 지급했으니, 퇴직금을 지급하지 않아도 된다고 생각하지만, 한편으로는 정말 지급하지 않아도 되는지 걱정이 된다.

위와 같은 퇴직금 지급 문제는 작은 개인 미용실뿐만 아니라 규모가 있는 큰 법인에서도 종종 일어나는 일이다. 결론부터 이야기하자면 아무리 오 원장이 퇴직금을 줬다는 증거를 근로계약서에 남겨 놓았어도 근로자가 고용노동부에 민원을 넣으면, 무조건 근로자가 이긴다. 퇴직금 분할약정은 이미 대법원판결(2007다90760)에서도 판결로 명확히 금지하고 있으므로 무조건 지급하여야 한다.

퇴직금은 퇴직할 때 비로소 발생하는 채권이므로 퇴사 후 14일 이내에 지급하여야 한다. 따라서 근무하는 동안 퇴직금을 미리 지급한다는 것 자체가 성립될 수 없다. 또한, 퇴직금을 미리 지급한다는 명목으로 마땅히 받아야 했을 급여 수준이 더 낮게 책정될 수 있어 금지하고 있다. 다만 중간 정산이 가능한 사유는 집 없는 직원이 집을 살 때나 전세금을 낼 때, 본인이나 가족이 반년 이상 아파서 장기적으로 병원비를 내야 할 때, 5년 내 파산이나 회생 신청을 한 경우 등이 있다. 이런 이유로 중간에 지급하는 것 빼고는 퇴직하기 전에 지급한 돈은 모두 급여이다. 따라서 이 급여 때문에 오히려 퇴직금이 증가한다.

결론적으로 오 원장이 원래 월급을 2백만 원만 주면 되는데 퇴직금까지 더 주었다고 주장하더라도, 직원이 퇴직금을 못 받았다고 주장하면 월급 2백20만 원을 기준으로 퇴직금을 다시 계산하여 지급하여야 한다. 억울하다고 지급하지 않으면 징역 또는 벌금형에 처해질 수 있다.

퇴직금은 고용되어 1년 이상 계속 일하다 퇴사할 때 발생하기 때문에 일용직의 경우, 퇴직금이 없다. 근로자퇴직급여 보장법 제4조 제1항에 의하여 계속 근로기간이 1년 미만인 근로자에게는 퇴직금을 지급하지 않아도 되기 때문이다. 다만 근로계약서, 근무일지, 4대 보험 가입 내역 등으로 계속 근로한 사실을 입증하여 인정되면 줘야 한다.

memo.

[추가 수당 신고]
직원이 갑자기 연장근로수당과 주휴수당을 달라고 하는데 어떻게 처리하나요?

실내 포장마차가 유행하면서 김 사장은 최근 24시 포장마차를 오픈하였다. 직원이 10명인데 평소 알고 지내던 동생들이라 다른 식당들보다 시급을 훨씬 더 많이 주고 있다. 그러나 지난주 한 직원이 퇴사하면서 그동안 수당을 별도로 안 주었기 때문에 급여를 적게 줬다며 고용노동부에 민원을 제기한다고 하자 서운한 마음이 앞서기만 하다.

김 사장의 문제는 시급을 다른 곳보다 더 준다는 이유로 연장근로, 야간근로, 휴일근로에 대해 수당과 주휴수당을 별도로 계산해서 지급하지 않았기 때문에 발생하였다.

우선 주휴수당부터 살펴보면, 근로기준법 제55조 휴일 규정에 따라 1주일에 평균 1회 이상 유급휴일을 주어야 하는데 이를 주휴일이라고 한다. 일주일에 15시간 이상 근무한다면 아르바이트도 적용이 된다. 예를 들어 시급이 1만 원이고, 1일 8시간, 1주 40시간 이상을 근무하는 직원이라면 1주일을 일할 때마다 8시간만큼 8만 원을 주휴수당으로 지급해야 한다. 퇴사 후 3년까지 지급을 주장할 수 있다. 그러나 김 사장은 시급을 최저임금보다 많이 주고 있기 때문에 별도의 주휴수당을 고려하지 않고 있었다.

주휴수당 이외의 각종 수당은 5인 이상 사업장에만 적용되므로 김 사장의 포장마차는 10인이기 때문에 각종 수당을 계산해서 지급해야만 했다. 수당은 시급의 50%를 가산해서 지급하여야 한다. 퇴사한 직원은 24시 포장마차 특성상 휴일도 저녁 6시부터 다음 날 오전 6시까지 철야 근무를 하였기 때문에 주당 40시간을 초과한 적이 많았다.

퇴사한 직원의 시급이 1만 원이고, 근무시간 중 새벽 근무에 휴게시간을 2시간으로 가정(실제 근로 시간은 10시간)하에 추가 수당을 산출해 보면, 우선 기본일급이 8시간 기준 8만 원이 되고 8시간 초과시간인 2시간에 대해서는 연장근로에 해당하므로 50%가 가산되어 2시간에 대하여 3만 원이 추가 지급되어야 한다. 여기에 더하여 밤 10시부터 익일 오전6시까지는 근로기준법상 야간근로에 해당하여 50%를 추가로 지급해야 하므로 야간근로 6시간에 대하여 시급의 50%인 5,000원을 곱한 3만 원을 야간수당으로 추가하여 지급해야 하는 것이다. 결론적으로 퇴사직원의 법정 일급은 14만 원이 되는 셈이다.

이처럼 김 사장이 실제 근무시간 10시간에 대하여 1만 원을 곱하여 10만 원을 지급해 왔다면 4만 원의 미지급 금품 체불 문제가 발생하게 되는 것이다.

한편 연장이나 야간, 휴일근무수당을 포괄적으로 급여에 반영하여 계약하는 포괄 근로계약을 했다고 하더라도 미리 산정했던 수당보다 추가로 근무를 했다면 수당을 더 지급해야 한다.

[인건비 기타 이슈]

1. 직원들이 통장에 얼마를 찍어 달라고 하는데 인건비 신고를 어떻게 할까요?
2. 직원들이 자주 바뀌는데 근로계약서를 꼭 써야 하나요?
3. 외국인을 고용하려면 어떻게 해야 하나요?
4. 두루누리 사회보험, 고용 촉진 지원금 등 인건비 지원 제도 Q&A
5. 무단결근, 산재 처리, 권고사직 등 기타 노무 Q&A

1. 직원들이 통장에 얼마를 찍어 달라고 하는데 인건비 신고를 어떻게 할까요?

개인사업체에서 일하는 직원들은 채용할 때 급여 통장에 얼마를 찍어달라는 얘기를 자주 한다. 사실 급여가 정해지고 거기에서 원천세와 4대 보험을 빼고 지급해야 하는데 그런 것 다 무시하고 얼마를 받아야 한다고 주장하는 경우가 많다.

이런 경우, 실제 수령 금액보다 많은 금액을 신고해야 한다. 소득세와 4대 보험을 신고할 때 1백20만 원을 기준으로 하지 않고 대략 1백30만 원을 기준으로 인건비 신고를 하여야 한다. 예를 들어서 월 1백20만 원을 통장에 지급하기로 하면, 4대 보험과 원천세까지 합치면 약 10만 원 정도를 빼고 줘야 하는데 오히려 사장이 대신 내주고 있는 셈이다.

이런 급여 산정 방식을 네트급여라고 해서 여러 가지 갈등의 원인이 될 수 있다. 특히 퇴직금을 줄 때 어느 금액을 기준으로 퇴직금을 산정하느냐의 문제가 생긴다. 1년 일을 했다고 하면 한달치 월급인 퇴직금을 사장 입장에서는 1백20만 원을 주고 싶어 하고, 직원 입장에서는 1백30만 원을 받고 싶어 한다. 물론 법적으로는 1백30만 원을 기준으로 지급하는 것이 맞다.

하지만 이런 경우 매월 원천세를 낸 사람은 사장이고, 그 소득세에 대해 법적으로 환급을 받는 사람은 직원이 되기 때문에 연말정산 때마다 갈등이 생길 수 있는데 직원 입장에서는 내가 환급받아야 한다고 주장하고 사장 입장에서는 소득세를 대신 내주었으니, 환급도 당연히 사장의 몫이라고 주장하기 때문이다.

2. 직원들이 자주 바뀌는데 근로계약서를 꼭 써야 하나요?

개인사업체에는 별도의 인사 담당 직원이 없고 또 직원이 자주 바뀌는 탓에 가장 귀찮고 번거로운 일 중 하나가 근로계약서 작성인데 아무리 번거로워도 근로계약서는 정규직과 일용직 구분 없이 반드시 작성해야 한다. 형식은 자유나 근로 시간, 임금, 휴일, 휴가, 퇴직금에 관한 내용을 꼭 기재해야 한다. 다만 사업장 내에 정규직과 일용직 합쳐서 4인 이하인지, 5인 이상 10인 미만인지에 따라 내용에 차이가 있는데 만약 직원 수가 10인 이상이면 노무사와 상의하여 인사 규정을 정비하는 것이 차후 분쟁의 소지를 줄일 수 있다.

직원 4인 이하 사업체는, 근로계약서에 무조건 퇴직금, 1시간 쉬는 시간, 1주일에 1일 휴무를 보장하고 해고 30일 전 사전고지, 임금 대장을 만들어 놓는 것, 여성 근로자의 경우 출산휴가 보장 내용 등의 명시되어 있어야 한다.

직원이 5인 이상 10인 미만인 경우, 가장 큰 차이는 근무시간이 하루 8시간이 넘을 경우, 시간급의 50%를 가산해서 연장근로 수당을 주는 것이다. 그런데 시간급을 정확하게 계산하여 수당을 지급하기가 쉽지 않기 때문에 보통 근로계약을 할 때, 연장근로, 야간근로, 휴일근로에 대해 포괄적으로 월 급여에 포함하여 계약하기도 한다. 또 해고 30일 전 사전고지 규정 이외에 해고 사유가 필요한데 이 부분은 노무사와 상의하여 인사 규정을 정비해 놓을 필요가 있다.

3. 외국인을 고용하려면 어떻게 해야 하나요?

식당 등 일부 사업체에서 외국인을 고용하려면 고용 허가를 받아야 하는데 이를 위해서는 국내에서 직원을 채용하기 위해서 노력했는데도 구하지 못해서 외국인 직원을 채용했다는 것을 증명하여야 한다. 이러한 사실이 증명되면 유흥주점과 출장 음식업종을 제외한 대부분의 일반 음식점은 외국인 채용이 허용된다.

고용 허가 신고를 위해서는 고용된 외국인의 비자 확인이 가장 중요하다. 외식업에서 파트타임으로 일할 수 있는 비자는 C-4(단기 취업), E-9(비전문 취업), F-2(거주), F-4(재외동포), F-5(영주 자격), F-6(결혼이민), H-1(관광 취업), H-2(방문 취업) 등이 있다.

특례 고용 허가를 꼭 받아야 하는 비자는 H-2(방문 취업)와 F-1-4 (방문 동거)이다. 이와 같은 비자를 가진 외국인들은 필수 교육을 받고 고용센터에 등록된 외국인이다. 식당에서 일하는 외국인은 방문취업 H-2 비자를 받은 경우가 대부분이다. 만일 배우자가 한국인인 외국인 F-2-1, F-6 비자이거나 영주비자 F-5이면 한국인과 같은 대우를 받기 때문에 고용 허가가 필요 없다. 고용 허가 절차는 고용센터 워크넷 www.work.go.kr에 14일 동안 구인 광고를 내거나 벼룩시장 같은 생활정보지에 7일간 구인 광고를 낸다. 이후 사업자등록증과 영업신고증을 가지고 각 지역에 있는 노동센터를 방문하여 특례 고용 가능 확인서를 발급받는다. 구인되면 외국인 직원과 함께 근로계약서, 여권, 외국인등록증, 구직등록필증을 가지고 다시 방문하여 근로 개시를 신고한다.

이런 절차를 거치지 않고 외국인을 채용하면 비자 문제로 본국으로 돌아가거나 브로커에게 사기를 당하는 등 예기치 못한 일들이 발생할 수 있으므로, 번거롭더라도 이러한 절차를 준수하는 것이 좋다.

4. 두루누리 사회보험, 고용촉진지원금 등 인건비 지원 제도 Q&A

Q1.
식당 직원이 갑자기 4대 보험을 들어 달라고 합니다. 보험료 부담이 느는데 4대 보험을 지원해 주는 제도가 있나요?

A1. 두루누리 사회보험제도를 통해 근로자 수가 10명 미만인 사업에 고용된 근로자 중 월 평균 보수가 2백70만 원 미만인 근로자와 사업주는 고용보험료와 국민연금을 지원받을 수 있고 2021년부터는 지원신청일 직전 6개월간 고용보험과 국민연금 자격취득 이력이 없는 신규 가입 근로자에 한하여 지원되며, 고용보험과 국민연금 보험료의 80%를 지원받을 수 있다.

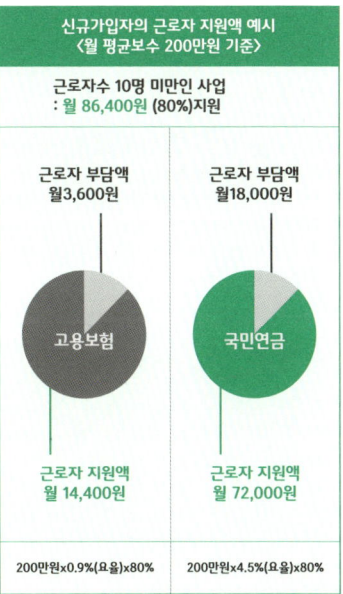

〈표13〉 신규가입자의 사업주 지원액 예시

〈표14〉 신규가입자의 근로자 지원액 예시

Q2.
여성 근로자를 고용하면 지원금을 받을 수 있다고 하는데 누구나 받을 수 있는 건가요?

A2. 여성이 가장이거나 장애인 등 취업이 곤란한 취업 취약자를 고용한 사업주에게 인건비를 지원하는 제도이다. 취업 취약자를 6개월 이상 고용한 경우라면 누구든지 신청할 수 있다. 단, 근로계약 기간에 정함이 있거나 월 평균 보수가 1백15만 원 미만인 경우, 사업주의 배우자 또는 직계존비속의 경우 등은 지원받을 수 없다.

지원 대상은 취업 지원프로그램을 이수하고 직업안정기관 등에 구직 등록한 실업자를 고용한 사업주여야 하고 구직 등록 후 1개월 이상 실업 상태에 있는 중증장애인, 여성 가장 등 취업 취약자 및 취업 지원프로그램을 참여하기 어려운 도서 지역 거주자를 고용한 사업주는 지원받을 수 있다. 근로자 1명당 총지원 금액은 최대 7백20만 원이며 10인 미만인 경우에는 최대 3명까지만 지원 할 수 있다.

memo.

5. 무단결근, 산재처리, 권고사직 등 기타 노무Q&A

Q1.
직원이 미리 얘기도 없이 자주 결근 해서 해고하고 싶은데 어떻게 해야 하나요?

A1. 상습적인 무단결근은 해고 사유이다. 다만 해고 30일 전에 해고 예고를 해야 해고예고 수당 지급 의무를 피할 수 있다. 해고예고 수당이란 해고일로부터 30일 전에 미리 해고 통보를 해야 하는데 30일에서 하루라도 부족하면 1달 치 통상급여를 지급해야 하는 수당이다.

따라서 이 지급 의무를 피하기 위해 취업 규칙에 별도 절차가 있으면 그 절차대로 진행하고, 만일 해고에 대한 별도의 규정이 없다면 30일 전에 해고를 예고하고 해고 통지는 서면으로 해고 일자와 해고 사유를 구체적으로 명시하면 된다. 해고 통지서를 내용증명우편으로 보내고, 스캔해서 문자메시지나 카카오톡과 같은 모바일 메신저와 이메일로 전송하는 것이 안전하다. 결국 이 모든 절차는 차후에 분쟁을 줄이기 위해 무단결근을 했다는 증거를 남기는 과정이라고 할 수 있다.

memo.

Q2.
주방에서 일하는 직원이 넘어져서 다쳤는데 치료비는 고용주인 제가 다 내야 하나요?

A2. 산재보험에 가입이 되어 있다면 병원비를 지급하지 않더라도 과실 유무 정도를 전혀 따지지 않고 산재로 처리가 충분히 가능하다. 산재 처리는 식당이 아니라 직원 본인이 진행하는 것이 원칙이며 노무사나 변호사가 대신 대리할 수 있다.

산재 처리가 승인되면,
1) 소정의 치료비
2) 산재 기간에 평균임금의 70%에 달하는 휴업급여
3) 잔존 장해에 대한 장해급여
4) 재발 시 재 요양

등의 혜택을 근로복지공단으로부터 받을 수 있다. 만일의 경우를 대비하여 사고 경위에 대한 목격자 진술서, 고용관계, 임금수준 등의 입증 근거 자료나 정보를 확보 및 파악해 두는 것이 바람직하다.

memo.

Q3.
그만두는 직원이 실업급여를 받을 수 있게 권고사직으로 처리해 달라고 하는데 그냥 해줘도 되나요?

A3. 권고사직이란 사업체의 경영이 안 좋거나 직무가 맞지 않다는 사유로 사장이 먼저 사직할 것을 요청하고 직원이 합의해서 근로계약을 끝내는 것을 말한다. 자진 퇴사임에도 사실과 다르게 허위로 권고사직으로 신고해서 실업급여를 받도록 처리하면 향후 실업급여 부정수급 문제와 더불어 고용 관련 지원금 혜택을 못 받을 위험이 있다.

memo.

종합소득세, 개인사업자 세무의 종착역

Part 3

종합소득세의 이해 _76

[종합소득합산] _78
소득세는 올해 벌어들인 수입에 대해 내는 건가요?

[공동명의] _80
공동명의로 식당을 하면 소득세 신고할 때 유리한가요?

[장부작성의무와 이월결손금] _82
장부를 만들어 신고하면 어떤 점이 유리한가요?

[준비할 서류와 사업용 계좌] _86
소득세 신고를 위해 추가로 필요한 서류가 있나요?

[소득공제, 감면] _88
노란우산공제를 가입하면 어떤 장점이 있나요?

[성실신고 사업자] _90
식당 연 매출이 10억이 넘으면 소득세가 더 나온다는데 정말인가요?

[세무조사 대비] _92
세무조사가 나왔는데 어떻게 대응하면 될까요?

참고문헌 _95

종합소득세의 이해

종합소득세란 말 그대로, 1월 1일부터 12월 31일까지의 개인의 소득을 모두 합쳐서 계산한다는 의미이다. 그러나 모든 소득에 대해서 다 세금을 내는 것은 아니다. 소득세법에서는 소득을 총 여섯 가지로 구분을 해 놓았는데 사업소득, 이자소득, 배당소득, 근로소득, 연금소득, 기타소득 등으로 나뉜다. 이 여섯 가지 소득을 합쳐서 계산한 것을 종합소득이라 하고, 소득이 높을수록 높은 세율로 세금을 내는 누진세율을 적용하고 있다.

그렇다면 소득세를 절세할 수 있는 비법이 있을까? 신용카드 사용이 늘고 현금영수증 발행도 많아지면서 현금 매출을 줄여서 신고하는 것이 어려워졌을 뿐만 아니라 되려 세무조사 대상이 되기 쉽고 이런 경우 가산세까지 고려하면 두 배 가까이 세금을 더 내게 될 수도 있다.

매출을 줄여서 신고할 수 없다면, 비용을 잘 관리하여야 한다. 개인사업체 사업소득에 해당하며 사업에 직접 들어간 비용 중 비중이 큰 인건비와 재료비에 해당하는 비용만 잘 챙겨도 절세에 큰 도움이 된다.

<표15> 소득 구간별 종합소득세율

과세표준	세율	누진공제액
1,400만원 이하	6%	
5,000만원 이하	15%	126만원
8,800만원 이하	24%	576만원
1.5억원 이하	35%	1,544만원
3억원 이하	38%	1,994만원
5억원 이하	40%	2,594만원
10억원 이하	42%	3,594만원
10억원 초과	45%	6,594만원

<소득세 절세 꿀 팁>

1. 공동 사업의 경우, 단독일 때보다 더 낮은 세율을 적용받을 수 있다.
2. 세금계산서, 계산서, 신용카드, 현금영수증 등 적격 증빙은 물론 간이 영수증, 청첩장, 부고장 등도 소득세 신고 때에는 접대비로 인정되므로 평소에 증빙을 챙기는 습관이 중요하다.
3. 노란우산공제에 가입하면, 납부 금액에 대해 연 2백만원에서 5백만원까지 소득공제가 가능하기 때문에, 세율에 따라 6%~45%까지 절세할 수 있다.
4. 식당을 인수할 때 전 식당 사장에게 권리금을 지급하는 경우 시설에 대해서는 세금계산서를 받아 시설로 잡고 비용을 인정받으면 된다. 나머지 금액은 식당을 판 사람이 영업권으로 기타소득 신고를 해 주어야 비용으로 인정된다.

[종합소득 합산]
소득세는 올해 벌어들인 수입에 대해 내는 건가요?

직장생활을 하다가 작년 9월에 퇴사 후, 10월에 칼국수 식당을 오픈한 복 사장은 올해 5월이 되어 처음으로 국세청으로부터 '종합소득세 신고 안내문'을 받았다. 옆집 사장한테 물어보니 소득세는 자진신고·납부하는 세금이라 스스로 소득세를 계산해서 납부하면 된다고 한다. 그러나 월급받은 거까지 합쳐서 작년 10월부터 올해 5월까지의 수입만을 신고하는 것인지 올해 1월부터 5월까지의 소득은 어떻게 해야 하는 것인지 몰라서 혼란스럽다.

종합소득세 신고는 매년 1월 1일부터 12월 31일까지의 발생한 소득을 합쳐서 그다음 해 5월 31일까지 신고·납부한다. 따라서 복 사장의 경우, 다른 소득이 없다고 가정했을 때 1월부터 9월까지의 근로소득과 10월부터 12월까지의 사업소득을 합산해서 신고해야 한다. 만일 식당의 매출이 10억 원 이상이면 성실신고 사업자로서 6월 30일까지 신고·납부를 한다.

사업소득 이외에 이자소득, 배당소득, 근로소득, 연금소득, 기타소득 등에 대하여 자세하게 알아보면, 우선 이자소득과 배당소득은 금융권에서 발생한 소득이다. 예적금에 대한 이자, 주식에 대한 배당소득은 합해서 연간 2천만 원을 초과하면 금융소득 이외 다른 소득과 합산해서 신고한다.

근로소득은 보통 근로자들이 받은 월급을 말하고, 연금소득은 연금 형태로 매달 받는 소득을 말한다. 최근에는 은퇴 후 개인사업체를 창업하는 경우가 많아 연금소득에 대한 문의가 많은 편이다. 마지막으로 기타소득은 앞에서 설명한 소득 이외의 소득 중 세법에서 열거된 소득(예를 들어, 상금, 복권 당첨금, 인적용역 소득, 서화 골동품, 종교인 소득 등)을 말한다.

이외에도 부동산이나 주식을 팔았을 때 발행하는 양도소득은 일시적으로 발행하기 때문에 종합소득에 포함하지 않는다. 근로자가 퇴직하였을 때 받는 퇴직소득 흔히 퇴직금이라고 하는데, 이 역시 분리해서 과세하기 때문에 종합소득에 합산하지 않는다.

소득세 신고는 납부하는 해 5월 주민등록 등본상의 주소지 담당 세무서에 해야 한다. 중간예납이라는 제도가 있는데 5월에 소득세를 내면 11월에 올해 낸 소득세의 ½을 국세청에서 미리 고지하여 납부해야 하는 것으로 납부한 세액만큼 다음 해 소득세에서 공제해 주며 중간예납 고지서도 사업장 주소가 아니라 집 주소를 기준으로 발송된다.

〈표16〉 소득의 종류와 과세방법

이자소득 총수입금액	배당소득 총수입금액	사업(부동산임대)소득 총수입금액	근로소득 총수입금액	연금소득 총수입금액	기타소득 총수입금액
	배당가산액	필요경비	근로소득공제	연금소득공제	필요경비
종합과세 대상 금융소득 (2천만원 이상인 경우)					
이자소득금액	배당소득금액	사업소득금액	근로소득금액	연금소득금액	기타소득금액

근로소득만 있을 때는 5월에 소득세 신고를 하지 않아도 3월 초 연말정산을 통해 5월에 소득세 신고를 한 것으로 간주한다.

[공동명의]
공동명의로 식당을 하면 소득세 신고할 때 유리한가요?

김 공동씨는 회사에서 퇴직하고 스크린 골프장을 창업하려고 준비 중이다. 처음 해보는 일이라 어려움이 많은데 함께 퇴직한 최 명의씨가 50% 지분으로 공동사업을 제안해 왔다. 김 공동씨는 최 명의씨와 공동사업을 하는 것이 유리한지 고민에 빠졌다.

소득세는 사람마다 각자 과세하는 개별과세이다. 앞서 말했듯이 세율은 소득금액이 높을수록 6%에서 45%까지 누진세율 구조이다. 공동명의로 사업하면 소득금액(이익의 개념)에 지분율을 곱한 만큼만 각각 과세하기 때문에 소득금액이 지분율만큼 낮아지고 이에 따라 적용되는 소득률이 낮아져 소득세 부담이 줄어들 수 있다.

김 공동씨가 혼자 창업을 할 경우와 최 명의씨와 공동창업지분율을 50%씩 할 경우의 사업소득 금액 매출에서 비용을 뺀 금액이 2천만 원이라는 가정 하에 소득세 차이를 비교해 보면 아래와 같다.

〈표17〉 단독창업과 공동창업 소득세 사례 비교

구분	단독창업	공동창업	
	김공동 단독창업	김공동 공동창업	최명의 공동창업
이익	2천만 원	1천만 원 (2천만 원X50%)	1천만 원 (2천만 원X50%)
세율	15%	6%	6%
세금	1백 74만원	60만원	60만원

김 공동씨 혼자 창업을 할 경우 소득세가 1백74만 원인데 비해, 공동창업을 하면 김창업과 최 명의 각각 세금 60만 원을 합쳐도 1백20만 원으로 1백74만 원보다 54만 원이나 적다. 결과적으로 공동사업은 세율을 낮출 수 있기 때문에 총 54만 원만큼 절세가 되는 것이고, 공동사업을 하는 것이 소득세를 절세하는 방법이 될 수 있다. 따라서 공동사업을 하는 경우, 매출 증가로 소득 금액이 높아질수록 절세 효과는 커지게 된다.

개인사업체를 여러 개 운영할 때, 어느 가게는 단독개업이고 어느 가게는 공동개업일 때도 결론은 같다. 부가세는 운영하는 가게가 100곳이면 100곳 모두 따로 과세한다. 세율이 10%로 정해져 있고, 합쳐서 세금을 매길 특별한 이유가 없기 때문이다. 그러나 소득세는 소득 규모에 따라 6%에서 45% 사이의 누진세율을 적용하기 때문에 모든 사업장의 소득을 합산하여 계산해야 한다. 즉 단독개업 가게의 이익과 공동사업하는 가게의 이익의 지분율만큼을 합산하여 신고하는 것이다.

만약, 부부가 가게를 하면서 배우자 한쪽으로만 명의를 해 놓았다면 실제 영업을 함께 책임을 지는 것이 증명만 된다면 공동명의가 소득세에는 유리할 수 있다.

[장부 작성 의무와 이월결손금]
장부를 만들어 신고하면 어떤 점이 유리한가요?

네일샵을 시작한 임 사장은 평소 세금에 관심이 많았던 터라 이곳저곳 강의를 들어가며 궁금증을 해결하던 중 소득세 신고할 때 장부를 작성하기 어려운 영세 사업자들을 위해 '추계신고'라는 것이 있다는 것을 알았다. 그런데 임 사장은 꼼꼼히 챙겨서 장부를 만들어 신고하는 것보다 장부를 만들지 않고 정부에서 정해주는 대로 신고하는 것이 진짜 유리한지 오히려 궁금해졌다. 임 사장은 첫해 인테리어와 각종 시설 투자 때문에 손실이 난 적이 있기 때문이다.

임 사장이 장부를 작성해서 신고하게 되면, 당해 손실이 난 금액을 내년으로 넘겨서 이월결손금(다음 연도로 넘어가는 손실 누적액)으로 처리한 후, 내년도 이익에서 뺄 수 있으므로 내년도 세금이 줄어든다. 그러나 추계신고를 하면 장부가 없으니 올해 손실을 증명할 수 없고 따라서 향후 이익이 났을 때 예전에 났던 손실만큼 세금을 줄일 수 없게 된다. 즉 추계신고를 하면 예전에 손해 난 것을 인정받을 수 없다.

추계신고란 장부를 작성하기 어려운 영세사업자들을 위해 장부 작성 없이 국세청에서 정해놓은 비율대로 신고하는 것을 말한다. 추계신고는 비용에 대한 증빙이 없어도 비용을 인정해 준다는 장점이 있어서 증빙이 없다면 추계신고가 유리할 수 있다.

그러나 임 사장의 경우처럼 손실이 난 경우에 이월결손금을 활용하여 향후 소득세를 줄일 수 있다. 당장 올해는 세금이 없더라도 지난해 발생한 결손을 이월해서 공제받기 위해서는 장부를 만들고 손실이 얼마인가에 대해서 소득세 신고를 해야 한다. 해당 결손을 신고한 경우 10년 동안 이월해서 발생하는 소득과 상쇄시킬 수 있다. 즉 지난해 임 사장이 3천만 원의 손실을 봤다면, 올해 발생한 소득에서 3천만 원의 소득을 뺄 수 있다는 이야기다.

사업소득 외의 근로소득이나 부동산 임대소득 등 다른 종합소득이 있다면 합산해서 신고해야 사업체에서 발생한 결손금을 근로소득이나 부동산 임대소득 등 다른 종합소득에서 공제받을 수 있다. 만약 다른 종합소득과 통산하고도 결손금이 남았다면 그다음 해 이월해서 공제받을 수 있으므로 신고는 꼭 해야 한다. 다만, 금융소득 이자소득과 배당소득의 경우에는 2천만 원 초과분만 결손금과 상계할지 말지를 선택할 수 있고, 2천만 원 이하일 때에는 결손금과 상계할 수 없다.

한편 부동산 임대소득에서 발생한 결손금은 다른 소득에서 공제할 수 없다. 이월되어 향후 부동산 임대소득에서만 차감이 됨을 주의해야 한다. 다만 2014년 1월 10일 이후 주거용 건물 임대소득에서 결손금은 다른 소득에서 차감이 가능하다.

참고로 매출액에 따라 신고 의무와 가산세가 달라진다. 외식업은 작년도 매출이 1억 5천만 원 미만이면 간편장부대상자, 그 이상이면 복식부기 의무자로 분류한다. 만일 복식부기 의무자가 장부를 만들지 않고 추계신고를 하면 20%의 가산세가 부과된다.

간편장부대상자는 마치 용돈 기입장과 같이 번 것과 쓴 것을 정리하는 간편장부를 작성해야 하는데, 추계신고를 하면 20%의 가산세가 붙고, 복식부기로 신고하면 1백만 원 한도로 20% 기장세액공제를 추가로 받을 수 있다.

<표18> 간편장부대상자

간편장부 작성대상자는 누구인가?	
당해연도 신규로 사업을 개시한 사업자 또는 직전연도 수입금액이 다음에 해당하는 사업자	
업종구분	수입금액 기준
가 농업, 임업, 어업, 광업, 도매 및 소매업 (상품중개업 제외), 부동산매매업, 그 밖의 '나'및 '다'에 해당하지 않는 사업	3억 원 미만
나 제조업, 숙박·음식업, 전기·가스·증기·수도사업, 하수·폐기물처리·원재료생산 및 환경복원업, 건설업 (비주거용 건물 건설업 제외, 주거용 건물 개발 및 공급업 포함), 운수업, 출판·영상, 방송통신 및 정보서비스없, 금융·보험업, 상품중개업	1억 5천만 원 미만
다 부동산임대업, 부동산관련 서비스업, 임대업(부동산임대업 제외), 전문·과학·기술 서비스업, 사업시설관리사·사업지원서비스업, 교육서비스업, 보건 및 사회복지사업, 예술·스포츠·여가관련 서비스업,협회 및 단체, 수리 및 기타 개인서비스업, 가구내 고용활동	7천 5백만 원 미만
업종의 현황 등을 고려하여 기재부령으로 정하는 영세사업(욕탕업)은 기재부령으로 정하는 금액(1억 5천만원)에 미달하는 경우 간편장부대상자임	

memo.

[준비할 서류와 사업용 계좌]
소득세 신고를 위해 추가로 필요한 서류가 있나요?

중식당을 시작한 홍 사장은 세무사에게 장부 작성을 맡기는 기장 대리 서비스를 받기로 했다. 세무사에게 기장을 하면 모든 세금 관련 업무는 끝났다고 생각하고 아무런 준비도 하지 않고 있다. 그런데 옆 음식점 정 사장은 부가세나 소득세 신고를 위해 필요한 서류를 준비하고 있다는 것을 알았다. 홍 사장은 급한 마음에 세무사에게 다시 물어볼 수밖에 없었다.

부가세 신고와 마찬가지로 소득세도 신고를 위해서는 몇 가지 자료가 필요하다. 매출액은 부가세 신고를 통해 산출되므로 별도로 준비할 필요 없지만, 문제는 비용이고 비용을 인정받기 위해서는 증빙이 필요하다. 부가세의 경우 세금계산서, 계산서, 신용카드 전표, 현금영수증과 같은 적격 증빙밖에 인정되지 않았지만, 소득세는 적격 증빙뿐만 아니라 간이 영수증과 경조사, 이자 비용, 각종 4대 보험료 등도 인정받을 수 있으니, 평소에 잘 챙겨 놓는 것이 유리하다.

신용카드나 현금영수증을 사용하여 물건을 구입하거나 사업을 위한 경비를 지출한 경우, 소득세 신고할 때 비용으로 인정받을 수 있다. 요즘은 한 장씩 모으기보다는 월별 청구내역서나 엑셀 파일을 세무 대리인에게 보내면 된다. 또한, 사업자등록증에 있는 대표자 이름으로 발행된 신용카드를 국세청 홈택스에 등록하면 전산을 통해 신용카드 사용 금액을 자동으로 불러올 수 있으므로 비용을 빠지지 않고 파악할 수 있다.

경조사비의 경우 건당 20만 원까지 접대비로 처리할 수 있으므로, 청첩장이나 부고장을 모아 놓거나 일자나 행사 등을 기록해 놓는 것이 필요하다. 국가기관이나 종교단체 등에 기부금이 있는 경우는 기부금 명세서를 받아서 제출하고, 사업을 위해 대출받은 경우에는 이자 내용을 제출하면 비용으로 인정받을 수 있다.

그리고 매출이 어느 정도 증가하면 사업용 계좌를 신고하고 사용해야 한다. 사업용 계좌는 현금 매출에 대해 신고를 회피하는 것을 방지하는 데 목적이 있다. 즉, 일정 규모 이상인 사업자의 사업용 계좌를 통해 세원을 좀 더 명확하게 포착하려는 것이다. 복식부기 의무자에 해당하는 과세기간의 개시일로부터 6개월 이내 신고해야 하므로 해당 연도의 6월까지만 신고하면 된다.

또한 사업용 계좌 내역 역시 소득세 신고할 때 제출해야 하는데 장부를 만들 때 1월 1일과 12월 31일 현재 잔액이 필요하기 때문이다. 복식부기 의무자 기준은 작년 수입 1억 5천만 원으로 복식부기 의무자이고 사업용 계좌를 의무적으로 개설해야 한다. 사업용 계좌를 개설, 등록하지 않거나 사용하지 않으면 세액감면 대상에서 배제되고 미 신고 기간의 매출에 0.2%를 곱한 금액을 가산세로 부담하게 된다. 인건비나 임차료 등의 비용과 은행에서 결제하는 거래처 대금은 사업용 계좌를 반드시 사용하여야 한다.

[소득공제, 감면]
노란우산공제를 가입하면 어떤 장점이 있나요?

고등학교를 졸업하자마자 나 사장은 인터넷쇼핑몰을 오픈했다. 유동 인구가 워낙 많아서 매출액이 상당히 높아 만족스럽지만 다가오는 소득세 신고가 걱정된다. 추가로 소득공제를 받을 수 없나 고민하던 중에 옆 가게에 공 사장이 '노란우산공제'에 가입하라는 이야기를 해주었다. 처음 듣는 공제라 담당 세무사에게 물어보기로 했다. 상담을 받으면서 청년 창업중소기업 사업세액감면에 대해서도 알게 되었다.

비영리 공익법인인 중소기업중앙회가 운영하는 공제 제도인 노란우산공제를 이용하면 영리 목적인 보험사 등의 금융상품보다 세제 혜택과 법적 지원이 좋은 편이고, 소득공제가 가능하므로 절세의 효과가 있다.

납부 금액에 대해 연 2백만 원에서 5백만 원까지 추가로 소득공제가 가능하므로 세율에 따라 6%~42%까지 절세할 수 있다. 공제금액은 사업소득 금액이 4천만 원 이하이면 최대 5백만 원, 1억 원 이하이면 최대 3백만 원, 1억 원 초과이면 최대 2백만 원이다.

노란우산공제금은 기본적으로 연 복리로 적용되며 법에 따라 압류가 금지되어 있어 폐업 후에도 안진하게 생활 안정과 사업 재기를 위한 자금으로 활용할 수 있다. 또한, 노란우산공제에 가입해서 10년을 적립하였을 때 직접직인 복리 효과뿐만 아니라 소득공제로 인한 절세 효과를 고려할 경우 수익률을 무시할 수 없다.

최근 청년 창업을 정부에서 장려하면서 세법에서도 4가지 요건에 맞으면 소득세를 면제해 주고 있다. 구체적인 요건을 살펴보면

1. 종전의 사업자를 인수하지 않고 타업종을 창업할 것
2. 대표자의 나이가 15세에서 34세 미만의 청년 (군 복무는 최대 6년 고려)
3. 사업자의 주소지가 수도권 과밀억제권역 이외 지역이면 100% 감면,
   그 외 지역이면 50% 세금 감면
4. 대상 업종일 것

〈표19〉 과밀억제권역

과밀억제권역	
1. 서울특별시	6. 하남시
2. 인천광역시 [강화군,옹진군,서구 대곡동·불로동·마전동·금곡동·오류동·왕길동·당하동·원당동·인천경제자유구역 (경제자유구역에서 해제된 지역을 포함)및 남동 국가산업단지는 제외한다]	7. 고양시
	8. 수원시
	9. 성남시
	10. 안양시
	11. 부천시
3. 의정부시	12. 광명시
4. 구리시	13. 과천시
5. 남양주시 (호평동, 평내동, 금곡동, 일패동, 이패동, 삼패동, 가운동, 수석동, 지금동 및 도농동만 해당한다)	14. 의왕시
	15. 군포시
	16. 시흥시 [반월특수지역 (반월특수지역에서 해제된 지역을 포함한다)은 제외한다]

〈표20〉 감면대상

감면대상	
1. 광업	10. 전문,과학 및 기술 서비스업 (앤지니어링사업 포함, 변호사업 등 일부 업종 제외)
2. 제조업	11. 사업시설 관리 및 조경 서비스업, 사업 지원 서비스업 해당하는 업종
3. 수도,하수 및 폐기물 처리,원료재생업	12. 사회복지 서비스업
4. 건설업	13. 예술,스포츠 및 여가관련 서비스업 (자영예술가,오락장운영업 등 일부 업종 제외)
5. 통신판매업	14. 개인 및 소비용품 수리업, 이용 및 미용업
6. 물류산업 (비디오물 감상실 제외)	15. 직업기술분야 학원 및 훈련시설
7. 음식점업	16. 관광숙박업,국제회의업,유원시설업 및 관광객이용시설업
8. 정보통신업 (비디오물 감상실 운영업,뉴스제공업,블록체인 기반 암호화자산 매매 및 중개업 제외)	17. 노인복지시설 운영업
9. 금융 및 보험업 중 정보통신을 활용하여 금융서비스를 제공하는 업종	18. 전시산업

[성실신고 사업자]
식당 연 매출이 10억 원이 넘으면 소득세가 더 나온다는데 정말인가요?

송파에서 양꼬치 식당 개업 3년 차인 박 사장은 올해 매출이 8억 원을 넘을 것 같아 요즘 내심 불안하다. 주변에 큰 식당 사장들 얘기가 매출이 8억 원이 넘어가면 쌍벌제가 적용된다면서 소득세 부담이 늘어난다고들 한다. 정말 매출이 8억 원을 넘으면 소득세가 갑자기 늘어날까?

성실신고 확인제도란 고소득(매출 기준이 업종별로 상이) 자영업자가 종합소득세를 성실하게 신고했는지를 세무 대리인에게 확인하도록 하는 제도이다. 현금 매출 누락, 가공 경비, 업무 무관 경비 여부 등을 항목별로 세무 대리인에게 확인받고 확인 서류를 제출하여야 한다. 허위, 부실 금액에 따라 확인한 세무 대리인에게도 직무 정지, 과태료 등을 부과하기 때문에 성실신고 확인제도는 세무 대리인에게도 매우 중요한 사안이다.

업종별로 고소득에 대한 기준이 다른데 병의원은 연 매출 5억 원이 기준이지만, 식당은 2018년 연 매출 기준으로 7억5천만원이 기준이다. 따라서 박 사장의 고민은 어느 정도 맞기도 하다. 성실신고 대상이 되면서 매출과 비용을 좀 더 엄격하게 따져서 신고하기 때문에 소득세가 매출 늘어난 것보다 더 늘었다고 느낄 수 있다.
정부의 성실신고 확인제도에 대한 의지가 확고하기 때문에 당당하게 적게 낼 수 있는 가장 좋은 방법은 스스로 경비를 꼼꼼하게 챙기는 것이다.

첫째, 앞으로 서류를 꼼꼼히 챙기는 습관을 들이자. 세금계산서, 계산서, 신용카드 전표, 현금영수증 등 법적 증빙 없이 경비 처리를 하면 2%의 가산세가 붙는다. 사업에 사용한 모든 지출에 대해서는 무조건 법적 증빙을 활용해야 한다. 거래 상대방에서 부가가치세를 줄여 준다며 세금계산서를 발행하지 않는 것을 제안하더라도 나중에라도 추징의 문제가 발생하므로 꼭 세금계산서를 받도록 하자.

둘째, 직원들 인건비를 잘 기록하자. 급여를 축소해서 신고하는 것은 불법이니 당연히 안 되는 것이고, 인센티브를 지급한 것도 잘 기록해야 한다. 현금으로 주는 것이 사기 진작에 더 좋다고 생각하더라도 비용 처리를 위해서는 반드시 사업용 계좌를 통해 이체해야 한다.

셋째, 차량과 관련한 많은 부분이 경비 처리됨을 명심하자. 개업 전에 타던 차도 일단 개업 후에는 사업용 차량이 될 수 있다. 경비 처리를 위해서 일부러 차량 리스를 하기도 하는데, 기존에 타던 차량도 경비 처리가 가능하다. 보험증권에 명시된 차량 가격이 경비 처리 기준이 되며 차량 수리비 역시 모두 비용 처리가 가능하므로 차량 수리 후 증빙서류를 잊지 말아야 한다. 자기 건물에 식당을 개업한 경우, 건물분 재산세가 경비 처리가 되는 것처럼 자동차세 역시 비용처리가 된다.

마지막으로 경조사비도 모두 적법한 비용이 될 수 있다. 사업과 관련해서 경비로 인정받는 것이 원칙이나 어디까지가 사업과 관련된 것인지는 애매할 수 있다. 따라서 일단 무조건 다 챙겨 두고 나중에 세무 대리인과 상의하는 것이 좋다. 건 당 20만 원까지 접대비로 처리가 가능하고 부의금의 경우 지출 결의서를 작성해 날짜, 연락처를 남겨 두면 나중에 증빙으로 가능하다.

[세무조사 대비]
세무조사가 나왔는데 어떻게 대응하면 될까요?

강남에서 24시 중국집을 운영하는 장 사장은 최근 세무조사 안내문을 받고 깜짝 놀랐다. 세무조사란 큰 기업들이나 고소득 전문직들이 받는 것으로 생각했기 때문이다. 어떻게 해야 할지 눈앞이 깜깜하다.

세무조사는 크게 정기조사와 특별조사가 있다. 정기조사는 열흘 전에 통보하는데 이때 당황할 필요 없이 세무 대리인과 함께 준비하면 된다. 정기 세무조사라는 것은 그동안 신고했던 내용이 세법에 맞는지 점검하는 과정이기 때문에 현재 개인사업체 영업에 큰 방해를 받지 않고 세무신고서와 장부를 기초로 받게 되므로 크게 걱정하지 않아도 된다. 하지만 특별조사 같은 경우는 미리 통보없이 조사가 나오기 때문에 사업에도 지장을 초래하게 된다.

세무조사에서 가장 중점적으로 보는 것은 현금 매출 누락이다. 최근 현금 매출 비중이 많이 줄었다고는 하나, 아직도 현금 매출이 상당한 비중을 차지한다. 인근의 유사 규모 가게와 비교해서 현금 매출 비중이 적을 경우 중점적으로 확인할 수도 있다. 최근 배달 애플리케이션 회사에서 입금해 주는 배달 현금매출을 줄일 경우 세무조사 대상이 될 수도 있으니 주의하여야 한다.

다음으로는 인건비 중 원천세 신고를 하지 않은 비용이 있는지 확인한다. 만일 인건비를 현금으로 지급했다고 하면, 그만큼 현금 매출 누락으로 판단할 수 있으니 인건비 신고는 계좌로 지급하고 제대로 원천세 신고를 하는 것이 유리하다.

또한, 매입하고 계산서를 발급받았는데 거래 상대방은 그만큼 매출로 신고하지 않는 경우가 종종 있다. 이럴 경우 불합치라고 하는데 아직도 종이로 계산서를 발행해 주는 거래처들이 많기 때문에 제대로 된 거래처인지 제대로 신고했는지도 신경을 써야 한다.

참고로 세무조사 이후 일부러 매출을 줄이거나 소득률을 낮춰 신고해 달라는 경우가 있다. 국세청 역시 매출액이 줄어들거나 이익률이 낮아진 것으로 신고하면 매년 5월에 종합소득세 신고안내문에 직전 5개년의 매출액과 이익률을 기재해 왜 떨어졌는지를 중점적으로 점검한다. 따라서 매출액과 이익률을 낮춰 국세청의 주목을 받기보다는 조사 결과보다 조금이라도 상승한 것으로 신고하는 것이 유리하다.

memo.

memo.

참고문헌

1. 2023 세금 절약 가이드

국세청에서 나온 소책자로서 처음 자영업자들이 꼭 알아야 할 내용을 Q&A 형식으로 쉽고 재미있게 서술해 놓았다. 가이드 1권은 부가세와 소득세, 2권은 양도세와 상속증여세, 이외 부동산 관련 세금과 생활 세금 상식 등 총 4권이 시리즈이다. 국세청 홈페이지 국세 정보에서 다운로드하여 볼 수 있다. 부가세, 인건비, 소득세 등 주요 파트에서 참고하였다.
국세청, 2023, 세금절약가이드, 2023

2. 식당 주인이 꼭 알아야 할 음식점 창업에서 세금까지 비법 노트

2012년에 처음 발간된 백과사전과 같은 책으로 식당 창업 및 경영 관련 서적으로서 가장 내용이 충실한 베스트셀러일 것이다. 창업 준비, 입지, 상권, 각종 계약, 직원 관리, 자재구매, 세무관리 등 경영에 있어서 많은 내용이 충실히 기술되어 있다. 부가세, 인건비, 소득세 등 주요 파트에서 참고하였다.
손무호, 한만용, 식당 주인이 꼭 알아야 할 음식점 창업에서 세금까지 비법 노트, 지식만들기, 2014

김세무사의 개인사업자 세무와 절세

- 발행인   배 진 희
- 편집   이 석 훈
- 교정 및 교열   배 진 희
- 지은이   김 수 철
- 발행처   머그출판사 mug publishing house
- 발행일   2024 04 26
- 출판등록   제 2010-000027 호
- 전화   02 529 6821
- 팩스   02 529 6864
- E-mail   mugplay2015@gmail.com
- ISBN   979-11-89291-27-3 [13320]
- 가격   21000

ISBN 979-11-89291-27-3

ⓒ 이 책에 실린 글과 표를 포함한 정보를 무단 전제 또는 복제 할 수 없습니다.
잘못 제본되었거나 파손된 책은 교환해 드립니다.